Inhalt

Anschriften der Autoren

Prof. Ilmar Jurna
Institut für Pharmakologie und Toxikologie
der Universität des Saarlandes
6650 Homburg-Saar

Prof. Dr. med. Dr. med. h. c. Karl Hutschenreuter
Direktor des Instituts für Anaesthesie
der Universität des Saarlandes
6650 Homburg-Saar

Dr. med. Dipl.-Psych. Ulrich Hutschenreuter
Arzt für Psychiatrie und Neurologie/Psychotherapie
Saarbrücker Straße 266
6602 Saarbrücken-Dudweiler

Dr. med. Friedhelm Jungmann
Arzt für Psychiatrie und Neurologie/Psychotherapie
Kaiserstraße 1a
6600 Saarbrücken

Priv.-Doz. Dr. med. Werner Tolksdorf
Institut für Anästhesiologie am Klinikum Mannheim
Theodor-Kutzer-Ufer
6800 Mannheim 1

Dr. med. Bernd Koßmann
Chefarzt der Anästhesieabteilung
Kreiskrankenhaus Wangen
Am Engelberg 29
7988 Wangen im Allgäu

Dr. med. Ingrid Bowdler und Prof. Dr. Jürgen Kilian
Zentrum für Anästhesiologie
(Leiter: Prof. Dr. F. W. Ahnefeld, Prof. Dr. Dr. A Grünert)
Klinikum der Universität Ulm
Steinhövelstraße 9
7900 Ulm/Donau

Prof. Dr. Dr. K. A. Lehmann
Institut für Anaesthesiologie
Josef-Stelzmann-Str. 9
5000 Köln 41

Dr. med. univ. J. Motsch
Institut für Anaesthesie der Universitätskliniken
im Landeskrankenhaus Homburg-Saar
6650 Homburg-Saar

Physiologische und pharmakologische Grundlagen des Schmerzes und seiner Therapie*

J. Jurna

Analgetika vom Typ des Morphins beseitigen die Schmerzempfindung und alle übrigen Funktionen des schmerzverarbeitenden oder nozizeptiven Systems (Abb. 1). Dieses System wird durch eine Gewebsschädigung bzw. einen Schmerzreiz aktiviert. Die Gewebsschädigung löst eine Bildung und Freisetzung von algetisch wirkenden Substanzen wie Bradykinin, Histamin und 5-Hydroxytryptamin aus, die die Nozizeptoren aktivieren, so daß eine Erregung über die nozizeptiven Afferenzen (Aα- und C-Fasern) in das Rückenmark einläuft. Das geschieht allerdings nur, wenn Prostaglandin E2 vorhanden ist. Prostaglandin E2 wird bei einer Schädigung von Gewebe gebildet. Prostaglandin E2 aktiviert die Nozizeptoren nicht, stellt jedoch ihre Empfindlichkeit gegenüber den algetisch wirkenden Substanzen ein.

Die Bildung von Prostaglandinen einschließlich Prostaglandin E2 wird in der **Peripherie,** d. h. in geschädigtem bzw. entzündetem Gewebe durch Analgetika mit antipyretischer Eigenschaft wie die Verwandten der Acetylsalicylsäure und Pyrazolonderivate (Tabelle 1) gehemmt. Die Folge davon ist, daß die Nozizeptoren kaum noch erregt werden, es läuft keine Erregung über die nozizeptiven Afferenzen in das Rückenmark ein, die Schmerzempfindung ist ebenso ausgeschaltet wie Fluchtreflexe (Schonhaltungen, Muskelverspannungen), schmerzbedingte Änderungen vegetativer Funktionen, des Wachzustandes sowie des affektiven und emotionalen Verhaltens (Abb. 1). Wegen ihrer Wirkung am geschädigten Gewebe werden diese Substanzen auch „peripher wirkende Analgetika" bezeichnet, obwohl sie auch Wirkungen am Zentralnervensystem entfalten, und zwar analgetische und fiebersenkende. Das Analgetikum Paracetamol (Tabelle 1) hemmt die Synthese von Prostaglandinen in der Peripherie nicht.

* Vortrag anläßlich des klinischen Wochenendes „Der Schmerz und seine Behandlung" am 27. April 1985 im Haus der Ärzte in Saarbrücken

	Einzeldosis (g) beim Erwachsenen	Plasma-halbwertzeit in Stunden
Derivate schwacher Carbonsäuren		
Acetylsalicylsäure	0,5–0,3	3–6 (je nach Dosis)
* Acemetacin	0,03–0,06	
* Carprofen	0,3–0,6	
* Diclofenac	0,1–0,2	1–2
* Fenoprofen	1,8–2,4	3
* Flufenaminsäure	0,3–0,6	9
* Flurbiprofen	0,15–0,2	
* Ibuprofen	0,9–1,6	
* Indometacin	0,075–0,2	3–11
* Ketoprofen	0,1–0,3	
* Lonazolac	0,6	
* Mefenaminsäure	0,6–1,0	3–4
* Naproxen	0,5–0,75	12–15
* Nifluminsäure	0,5–1,0	
* Tolmetin	0,6–1,2	
Pyrazolonderivate		
Propyphenzon Metamizol	0,5–2,0	7–10
Aminophenol-derivat		
Paracetamol	0,5–1,0	2–3

* diese Substanzen sind nur bei Schmerzen entzündlicher Genese als Analgetika von Nutzen

Tab. 1:
Analgetika mit antipyretischer Eigenschaft ausschließlich Monopräparate

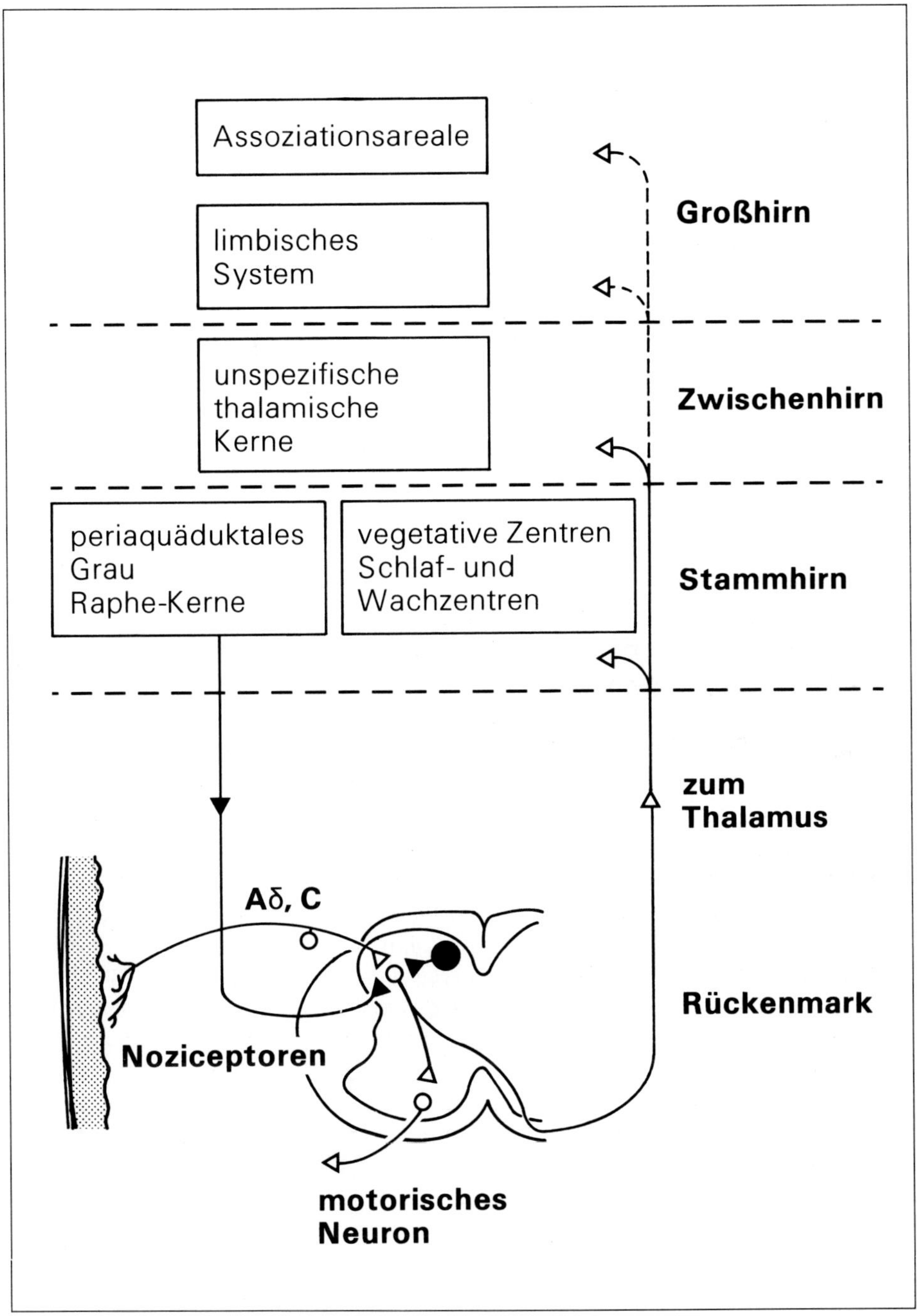

Abb. 1:
Noziceptives System

Morphin und seine analgetisch wirkenden Verwandten (Tabelle 2) greifen am noziceptiven Sytem überall dort an, wo sich Opiatrezeptoren befinden, zu denen sie eine Affinität haben (Tabelle 3). Im Hinterhorn des **Rückenmarkes** kommt es durch Bindung an Opiatrezeptoren an Neuronen, auf die die Erregung aus den noziceptiven Afferenzen synaptisch übergeleitet wird, zu einer Blockade. Morphin imitiert dabei die Wirkung eines körpereigenen opiatähnlich wirken-

	Einzeldosis (g) beim Erwachsenen	Anwendungs-weise	Wirkungsdauer in Stunden	
Morphin	0,01–0,015 0,01–0,015 0,03–0,06	i.v. s.c., i.m. oral	2 2–4 8–12	hohe Affinität zu Opiatrezeptoren
Buprenorphin	0,0003–0,0006	i.v., i.m. sublingual	4–8	
Dextromoramid	0,0035–0,007	oral	5–6	
Hydromorphon	0,002 0,0025	s.c., i.m. oral	2–3	
Levomethadon	0,0025	oral, s.c., i.m.	5–7	
Oxycodon	0,005–0,02	oral, s.c., i.m.	4–5	
Pentazocin	0,025–0,05	oral, rectal s.c., i.m.	2–3	
Pethidin	0,1–0,15	oral, rectal s.c., i.m., i.v.	2–4	
Piritramid	0,015–0,03	i.v., i.m.	2–4	
Tramadol	0,05–0,1	oral, rectal, s.c., i.m., i.v.	4–6	
Codein	0,03–0,06	oral, rectal, s.c.	3–5	geringe Affinität zu Opiatrezeptoren
Dextroprop-oxyphen	0,15	oral		

Tab. 2:
Analgetika vom Morphintyp (ausschließlich Monopräparate)

den Peptids (Metenkephalin), das aus den Endigungen des in der Abbildung 1 schwarz markierten Neurons als inhibitorischer Transmitter freigesetzt wird. Auch dies führt zu einer Ausschaltung der Schmerzempfindung und sämtlicher übrigen Funktionen des nozizeptiven Systems. Die Hemmung der nozizeptiven Erregungsüberleitung auf der Ebene des Rückenmarkes ist die Grundlage der **Spinalanalgesie mit Morphin,** bei der nur die Schmerzempfin-

Orte hoher Opiatrezeptordichte und hoher Konzentration endogener opiatähnlich wirkender Peptide	**funktionelle Bedeutung**
Substantia gelatinosa	spinale Analgesie, Unterdrückung noziceptiver Reflexe
periaquäduktales Grau und Raphekerne	deszendierende Hemmung verursacht spinale Analgesie und Unterdrückung noziceptiver Reflexe
Thalamuskerne	Unterdrückung der Weiterleitung noziceptiver Signale zu sekundären sensorischen und Assoziationsarealen der Hirnrinde
Striatum	Kontrolle der Erregungsleitung in noziceptiven Bahnen
limbisches System	Kontrolle schmerzbedingten emotionalen und und affektiven Verhaltens
Hypothalamus	Kontrolle vegetativer Funktionen und hormoneller Steuerung

Tab. 3

dung und Fluchtreflexe ausgeschaltet sind, während alle übrigen Sinnesqualitäten (Berührung, Temperatur etc.) und die Willkürmotorik erhalten bleiben. Diese Hemmung wird dadurch verstärkt, daß Morphin auch am periaquäduktalen Grau und den Raphekernen des Hirnstammes angreift (Abb. 1, die deszendierende Bahn ist durch eine schwarze Pfeilspitze und schwarze Endigung gekennzeichnet; Tabelle 3) und hier Neurone aktiviert, die über eine deszendierende Bahn einen hemmenden Einfluß auf die Erregungsüberleitung von den noziceptiven Afferenzen auf die nachgeschalteten Neurone ausübt. Man kann diese Wirkung von Morphin dadurch nachahmen, daß man mittels der stereotaktischen Technik Reizelektroden in das periaquäduktale Grau einbringt und dort reizt. Im Tierversuch kommt es dann zu einer Unterdrückung von Fluchtreflexen und Aktivität in Axonen des Tractus spinothalamicus. Man macht hiervon bei Patienten mit chronischen Schmerzzuständen zuweilen Gebrauch, bei denen konservative Maßnahmen nicht oder nicht mehr wirksam sind. Nach der Implantation von Reizelektroden erhält der Patient ein tragbares Reizgerät und kann sich im Bedarfsfall selbst reizen und Erleichterung verschaffen.

Entsprechend der in der Tabelle 3 aufgeführten Wirkorte im noziceptiven System greift Morphin auch am **Thalamus** an, der eine wichtige Relaisstation für die Weiterleitung schmerzreizbedingter Aktivität zu sekundären sensorischen und Assoziationsarealen ist. Weiterhin wirkt es auf das **limbische System,** wo der Schmerz affektiv und emotional verarbeitet wird. In Abhängigkeit von der Dauer und Intensität der Schmerzen ist die Stimmungslage negativ getönt. Morphin erzeugt bei den meisten Menschen eine Euphorie, was zwar die Gefahr eines Mißbrauches mit Ausbildung einer Abhängigkeit birgt. Andererseits ist bei starken, chronischen Schmerzen die euphorisierende Wirkung erwünscht. Das Suchtpotential von Morphin und seinen Verwandten darf nicht dazu führen, daß diese Analgetika bei solchen Schmerzzuständen nicht oder nicht ausreichend verordnet werden.

Auffallenderweise scheint das Risiko der Ausbildung einer Sucht und Toleranz bei Patienten mit starken Schmerzen im Vergleich zu schmerzfreien Individuen sehr gering zu sein. Im limbischen System übt u. a. auch der Transmitter Dopamin eine Hemmfunktion aus. Trizyklische Antidepressiva wie Amitriptylin erhöhen die Konzentration des Transmitters Dopamin im Synapsenspalt durch Hemmung seiner Wiederaufnahme in die Endigungen der Neurone, aus denen er freigesetzt wurde, und wirken dadurch stimmungsaufhellend, was sich bei chronischen Schmerzzuständen als günstig erweist.

Opiatrezeptoren befinden sich auch im **Striatum,** das nicht nur eine Rolle bei der Kontrolle der Somatomotorik (Funktionsstörungen im Striatum führen beispielsweise zu einem Parkinsonsyndrom oder einer Chorea), sondern auch des nozizeptiven Systems spielt. Da auch hier Dopamin eine Transmitterfunktion ausübt, können Substanzen, die wie trizyklische Antidepressiva und Neuroleptika mit der dopaminergen Impulsüberleitung interferieren, durch Wirkung am Striatum die Schmerzempfindung dämpfen.

Durch Angriff an Opiatrezeptoren im **Hypothalamus** beeinflußt Morphin vegetative Funktionen und Mechanismen der hormonellen Regulation.

Nicht nur körpereigene opiatähnlich wirkende Opioide (Enkephaline) hemmen die Erregungsleitung im nozizeptiven System und bieten so körperfremden Substanzen wie Morphin die Möglichkeit, an Opiatrezeptoren ihre Wirkung zu entfalten. Auch andere Transmitter hemmen die Aktivität des nozizeptiven Systems und können in ihrer Wirkung durch Substanzen, die von außen zugeführt werden, gesteigert werden. Hierzu gehören Noradrenalin, Dopamin, 5-Hydroxytryptamin und γ-Aminobuttersäure. Die Bedeutung von Dopamin im limbischen System und im Striatum wurde ebenso schon erwähnt wie die Möglichkeit, durch Einflußnahme auf die Überträgerfunktion von Dopamin eine Schmerztherapie durchzuführen.

Die Beeinflussung der Erregungsüberleitung von den nozizeptiven Afferenzen auf nachgeschaltete Neurone des nozizeptiven Systems im Rückenmark durch verschiedene inhibitorische Transmitter ist in Abb. 2 dargestellt. 5-Hydroxytryptamin befindet sich in den Endigungen der Axone, die die Bahn bilden, über die vom periaquäduktalen Grau und den Raphekernen die synaptische Erregungsüberleitung gehemmt wird. Trizyklische Antidepressiva hemmen nicht nur die Wiederaufnahme von Dopamin, sondern auch die von 5-Hydroxytryptamin in die Neurone, aus denen diese Transmitter freigesetzt werden. Die Folge hiervon ist im Rückenmark, daß die Konzentration von 5-Hydroxytryptamin im Synapsenspalt ansteigt, die Hemmung verstärkt und dadurch eine Analgesie auf spinaler Ebene erzeugt wird. In gleicher Weise kann die Hemmwirkung von Noradrenalin gesteigert werden, daß aus Neuronen freigesetzt wird, die ebenfalls die Überleitung nozizeptiver Erregung im Rückenmark hemmen. Im Bereich der noradrenergen Hemmung kann auch das Antihypertensivum Clonidin angreifen. Es ist wie Noradrenalin ein α-Adrenozeptoragonist und bringt bei bestimmten Schmerzzuständen Erleichterung.

Der Transmitter GABA entfaltet seine Wirkung über einen GABA-Rezeptorkomplex, an dem auch Benzodiazepinderivate wie Diazepam angreifen. Die Wirkung dieser Substanzen beruht darauf, daß sie die Hemmwirkung von GABA im Zentralnervensystem verstärken. Im Rückenmark steigern sie die sog. präsynaptische Hemmung, die auch eine Rolle bei der Überleitung nozicepfiver Erregung spielt (Abb. 2). Dadurch werden Fluchtreflexe unterdrückt wie auch die Aktivität, die in den aszendierenden Axonen des Tractus spinothalamicus zum Gehirn geleitet und als schmerzhaft empfunden wird. Benzodiazepinderivate dämpfen die Schmerzempfindung, was allgemein auf ihre ataraktische Eigenschaft zurückgeführt wird: die Erwartungsangst wird unterdrückt. Durch Verstärkung der Hemmwirkung von GABA wird es allerdings auch schon auf spinaler Ebene analgetisch.

Verlegt man das Schema der Abbildung 2 in den sensiblen Trigeminuskern, so erhält man den Wirkort für zwei Antiepileptika,

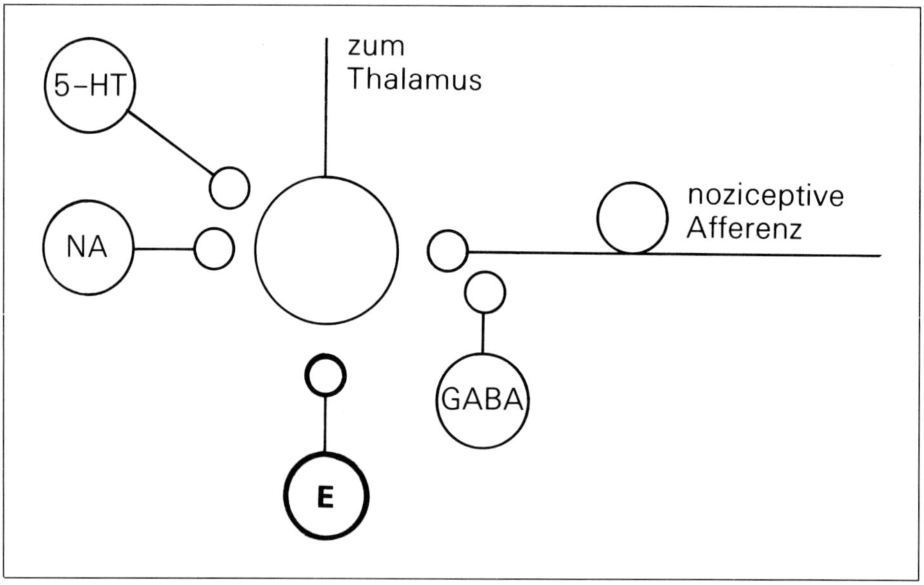

Abb. 2:
Hemmende Einflüsse auf die synaptische Erregungsüberleitung von noziceptiven Afferenzen auf Neurone des Tractus spinothalamicus im Rückenmark.
5-HT, NA und E: Neurone mit 5-Hydroxytryptamin (5-HT), Noradrenalin (NA) und einem Enkephalin (E, Metenkephalin; siehe auch Abbildung 1) als Transmitter einer postsynaptischen Hemmung.
GABA: inhibitorisches Neuron mit γ-Aminobuttersäure (GABA) als Transmitter der präsynaptischen Hemmung.

Carbamazepin und Phenytoin, die mit Erfolg bei der Behandlung von Trigeminusneuralgien eingesetzt werden. Diese beiden Substanzen greifen nicht direkt in Transmittermechanismen ein, sondern machen Neuronenmembranen weniger erregbar („Membranstabilisierung“, Phenytoin) oder steigern hemmende Einflüsse. Dadurch wird die synaptische Erregungsüberleitung aus den noziceptiven Afferenzen im sensiblen Trigeminuskern unterdrückt.

Es läßt sich zusammenfassend feststellen, daß die Schmerzempfindung durch Substanzen gedämpft wird, die an verschiedenen Teilen des noziceptiven Systems angreifen. Hierzu gehören nicht nur Analgetika im strengen Sinn, sondern auch Substanzen, die unter ganz verschiedenen Indikationen eingesetzt werden. Morphin und seine Verwandten sind die potentesten Analgetika, weil sie auf verschiedene Teile des noziceptiven Systems gleichzeitig wirken und sich diese Wirkungen summieren.

Zusammenfassung

Analgetika vom Typ des Morphins (Opiate, Opioide) unterdrücken alle Funktionen des noziceptiven Systems einschließlich der Schmerzempfindung durch Bindung an Opiatrezeptoren und verschiedenen Gebieten des Rückenmarks und Gehirns. Analgetika vom Typ der Acetylsalicylsäure wirken in der Peripherie durch Hemmung der Synthese von Prostaglandin E 2, das die Empfindlichkeit der Nozizeptoren gegenüber den algetisch wirksamen Substanzen Bradykinin, Histamin und 5-Hydroxytryptamin einstellt; sie besitzen allerdings auch eine zentrale Wirkung. Substanzen, die keine Analgetika im strengen Sinne sind, können die Schmerzempfindung dadurch dämpfen, daß sie entweder die Wirkung inhibitorischer Transmitter im noziceptiven System (GABA, 5-Hydroxytryptamin, Noradrenalin, Dopamin) fördern, oder daß sie die Erregungsüberleitung durch eine Aktivierung hemmender Einflüsse unterdrücken. Hemmungen werden durch Benzodiazepinderivate, Antidepressiva und das antihypertensiv wirksame Clonidin gefördert, durch die Antiepileptika Phenytoin und Carbamazepin in Gang gesetzt.

Die Schmerztherapie, ein Musterbeispiel für interkollegiale und interdisziplinäre Kooperation*

K. Hutschenreuter
und U. Hutschenreuter

Die Behandlung von Schmerzen dürfte zu den ältesten heilkundlichen Anliegen der Menschen überhaupt gehören. Der Schmerz, gern bezeichnet als bellender Wächter der Gesundheit, rechnet zu den wichtigsten Schutzmechanismen des Organismus und dient als sinnvolle Wahrnehmungsfunktion in erster Linie der Selbsterhaltung. Vorgenannte Interpretation des Begriffes Schmerz bedarf freilich der Ergänzung, daß bedauerlicherweise ausgerechnet bösartige Geschwulstleiden nicht selten erst dann Schmerzen verursachen, wenn das Tumorwachstum bereits so weit fortgeschritten ist, daß eine radikale Operation unmöglich erscheint und eine definitive Heilung nicht mehr erwartet werden kann. Es nimmt deshalb nicht wunder, wenn der Schmerz auch heute noch eine der größten Herausforderungen an die Medizin darstellt (Pongratz 1985). Seine Diagnostik und erst recht Therapie bedeuten demzufolge für uns Ärzte nach wie vor eine besondere und permanente Verpflichtung.

Vereinfacht betrachtet differenzieren wir akute von chronischen Schmerzen. Zwischen diesen können in Abhängigkeit von ihrer Dauer noch protrahierte und chronifizierte Schmerzen unterschieden werden. Vorstehende Einteilung entbehrt freilich nicht einer gewissen Willkür, zumal der Übergang von der einen zur anderen Schmerzform fließend ist.

Grundsätzlich ist davon auszugehen, daß das Schmerzerlebnis nicht von einer einzigen Noxe ausgelöst wird, sondern ursächlich von einer Vielzahl von Faktoren seinen Ursprung nimmt.
Solche Faktoren sind:
1. Art und Schwere der Noxe.
2. Neurophysiologische Mechanismen der Noziception (Jurna 1984, 1985).

* Vortrag anläßlich des klinischen Wochenendes „Der Schmerz und seine Behandlung" am 27. April 1985 im Haus der Ärzte in Saarbrücken

3. Die psychische Verfassung des betreffenden Menschen. Dabei unterscheiden wir heute die Persönlichkeitsstruktur als eine die Zeit überdauernde psychische Verfassung von einem aktuellen psychischen Zustand. Letzterer ist stärker situationsabhängig und kann bei einem akuten Schmerzerlebnis die Intensität der Schmerzen ganz entscheidend prägen.
4. Die Begleitumstände, unter denen der Schmerz auftritt. Auch sie können nachteilige Auswirkungen haben, wie beispielsweise eine angstmachende Umgebung im Aufwachraum einer Operationseinheit oder ein ausgesprochen hektisches Verhalten des ärztlichen und nichtärztlichen Personals.
5. Die Dauer des Schmerzes. Je länger er anhält, umso mehr pflegen psychologische Mechanismen eine Rolle zu spielen. In diesem Zusammenhang sei besonders auf den Teufelskreis von zunehmender Passivierung, Depressivität und damit Verstärkung sowie Chronifizierung der Schmerzen aufmerksam gemacht.
6. Soziale Faktoren. Ihnen kommt vor allem zur Aufrechterhaltung von Schmerzen wesentliche Bedeutung zu. Sollte – um nur ein Beispiel anzuführen – die Umwelt lediglich dann mit Zuwendung und Beachtung reagieren, wenn ein Patient unter Schmerzen leidet, wird sie dadurch sehr leicht zu einer Verstärkung der Schmerzen beitragen können.

Wer Schmerzdiagnostik und Schmerztherapie betreibt, muß in der Lage sein, in Funktionskreisen, die vor allem traumatische, psychische und soziale Einflußkurven beinhalten, zu denken. Er sollte weiterhin die therapeutische Intervention so plazieren können, daß sie möglichst wenig Schaden anrichtet („Nihil nocere"), dafür aber mit dem geringsten Aufwand den größtmöglichen Effekt erzielt. Neben der Fähigkeit zur Denkweise in komplexen Zusammenhängen muß er auch die Befähigung zur Vereinfachung besitzen. Ferner sollte er, wenn er therapeutisch erfolgreich arbeiten will, über ein genügend großes Arsenal von Behandlungs-Strategien verfügen. Dies gilt für den Anaesthesisten ebenso, der sich, wenn er Schmerztherapeut sein will, von einem „Blockadetechniker" zu einem Fachmann mit einer Vielzahl von therapeutischen Fertigkeiten entwickeln muß, wie für den Nervenarzt, der, wenn er Schmerzbehandlung vollbringen möchte, nicht schon bei der Erhebung des psychischen Befundes mit anschließender einfacher nervenärztlicher Beratung stehenbleiben kann, sondern entsprechend der Grenzsituation eines Fachgebietes sowohl die psychologischen Modelle zur Erklärung von Schmerzzuständen als auch die neurologischen Gesichtspunkte berücksichtigen muß. Diese Forderung hat erst recht für Schmerzkliniken bzw. Schmerzzentren Gültigkeit, die sich von reinen „Umspritzkliniken" – viel mehr war die berühmte

Schmerzklinik und Schmerzambulanz von Bonica in Seattle im Gründungsjahr 1961 auch nicht – zu multidisziplinären Schmerzbehandlungszentren entwickelt haben.

In den letzten zwei Jahrzehnten erfolgte die Differenzierung von Schmerzdiagnostik und Schmerztherapie auf mehreren Ebenen. Die einzelnen Schmerztherapeuten haben sich ein abgestuftes diagnostisches und therapeutisches Instrumentarium angeeignet, und das Verständnis für die Entstehung, Aufrechterhaltung und Therapie des Schmerzes ist während dieser Zeit durch die Arbeit von Fachleuten auf den verschiedensten Gebieten der Medizin und Psychologie vertieft und differenziert worden. Es besteht heute kein Zweifel mehr daran, daß gerade chronische Schmerzzustände nahezu immer einer multifaktoriellen und interdisziplinären Diagnose bedürfen. Hat sich eine eindeutige Diagnose stellen lassen, kann die Therapie relativ einfach sein. Häufig bedürfen jedoch chronische Schmerzen auch einer mehrdimensionalen Therapie. Gross hat in den von ihm gemeinsam mit Thomalske und Schmitt 1984 herausgegebenen Sammelband „Schmerzkonferenz" hierfür einige Leitlinien aufgestellt. So ist seiner Meinung zufolge z. B. beim Kopfschmerz die Mitwirkung folgender Fachkollegen unabdingbar: Neurologe, Neurochirurg, Augenarzt, Hals-Nasen-Ohren-Arzt, Kieferkliniker, Zahnarzt, Gnathologe, Internist, Röntgenologe, Psychologe und Psychiater. Beim Nacken-Schulter-Arm-Syndrom kommt dazu noch der Orthopäde. Gross hat aber auch darauf hingewiesen, daß vor dieser interdisziplinären Zusammenarbeit zunächst einmal eine umfassende körperliche Untersuchung des ganzen Patienten durch den verantwortlichen Therapeuten erforderlich ist. Hat die körperliche Exploration – einschließlich der Kontrolle der lokalen Durchblutung, des Gewebsturgors und der Hauttemperatur sowie der Schmerzschwelle der verschiedenen Körperbereiche – „Abweichungen" ergeben, müssen diese festgestellten Abnormitäten entsprechenden topographischen Mustern, wie dem Muster der peripheren Innervation, dem Verteilungsmuster der Segmentinnervation, und – was noch wichtiger ist – dem Muster der Gefäßzonen und der Quadranten zugeordnet werden. Jeder, der Schmerztherapie praktiziert, muß in der Lage sein, diese Basisuntersuchungen im somatischen Bereich durchzuführen. Aus diesem Grunde halten wir – obwohl der eine von beiden Autoren auch Psychologe ist – eine rein psychologische Behandlung des chronischen Schmerzes für unangebracht und unzureichend, ganz abgesehen davon, daß Schmerztherapie ohnehin zu allererst eine ärztliche Aufgabe darstellt. Die Betonung der ärztlichen Schmerzdiagnostik und Schmerztherapie schließt selbstverständlich die Anerkennung der von Psychologen erbrachten Beiträge zu diesem Themenkomplex nicht aus. Unterliegt es doch keinem Zweifel, daß wir Ärzte durch die psychologischen Erkenntnisse zur Schmerzentstehung und Schmerztherapie vielfach auf die psychische Komponente des Schmerzes stärker aufmerksam gemacht worden sind.

Prinzipiell ist der Körper als Schauplatz des Geschehens anzusehen, und deshalb muß an ihm jede Behandlung ansetzen (Peters 1984). Die Therapie kann dabei auf den drei verschiedenen Ebenen des Schmerzgeschehens angreifen, d. h. 1. auf der kognitiv-emotionalen Ebene, indem durch entsprechendes psychologisches Training eine andere Einstellung gegenüber dem Schmerz eingeübt wird, 2. auf der verhaltensmäßigen Ebene, indem z. B. der Patient lernt, auf Schmerz nicht mehr mit Rückzug zu reagieren, sondern aktives Verhalten erwirbt, und 3. auf der somatischen Ebene durch die Vielzahl der möglichen uns heute bekannten Behandlungstechniken. Die vorgenannten Verfahren auf den drei angeführten Ebenen können auch gegliedert werden nach solchen, die lindernd und unterbrechend oder unterdrückend-löschend und eliminierend wirken. Gross bezeichnet diese als reizsubtraktiv. Andere Techniken wirken durch Gegenreiz bzw. Reizverstärkung, also reizadditiv, z. B. die Transkutane Elektrische Nervenstimulation (TENS). Schließlich gibt es reizindifferente Methoden, die den individuellen, subjektiven Stellenwert des akuten oder chronischen Schmerzes beinflussen. Letztere wären die auf der psychischen Ebene wirkenden Verfahren. Nach Pongratz (1985) läßt sich noch eine andere und sehr anschauliche Gliederung der Behandlungstechniken vornehmen. Dieser Autor unterteilt die Möglichkeiten zur Schmerztherapie in zwei Gruppen:
1. Die Unterbrechung der Schmerzleitung und
2. die Aktivierung der körpereigenen Schmerzhemmung auf dem Wege der Schmerzvermittlung von den Rezeptoren bis hin zum Kortex und somit gleichfalls auf den verschiedenen Ebenen des Zentralnervensystems.

Über die Notwendigkeit einer interdisziplinären Zusammenarbeit herrscht mittlerweile weitgehende Übereinstimmung. Wie allerdings diese Kooperation praktiziert wird, ist regional äußerst unterschiedlich. Dafür kann wohl vor allem die Tatsache verantwortlich gemacht werden, daß es sich bei Schmerztherapeuten, wie dies Porges 1983 formuliert hat, um ausgesprochene Individualisten handelt und daß es für die Schmerztherapie allein schon deshalb genauso viele Konzepte gibt wie Schmerzambulanzen. Hier deckt sich die Auffassung des Schmerzexperten Porges, eines charmanten individualistischen Wieners, mit derjenigen des ebenso großen Individualisten Peters (1984), der in früheren Jahren während seiner

Tätigkeit an der Universitäts-Nervenklinik in Mainz mit der dortigen Schmerzarbeitsgruppe zusammengearbeitet hat, aber jetzt die Meinung vertritt, daß man mit der Zeit von der interdisziplinären Kooperation unabhängig werde, auch wenn man den häufigen Kontakt mit „Schmerzkollegen" weiterhin schätzt. Nach Peters bedient sich der erfahrene Schmerztherapeut zwar in großem Umfange des diagnostischen Apparates der technisierten Medizin, dagegen arbeitet er aber therapeutisch unabhängig und selbständig. Die intensive Beschäftigung mit Schmerzkranken gibt dem Arzt daher etwas von dem fast verlorengeglaubten ursprünglichen Gefühl des Arztseins zurück. Peters prophezeit deshalb, daß Schmerzkliniken mit der Zeit unnötig werden. Dem ist vom Grundsatz her nicht zu widersprechen. Nur sind wir der Auffassung, daß Schmerzzentren für die nächsten Jahrzehnte noch erforderlich sein werden, denn bislang haben eben noch nicht sehr viele Ärzte eine erfolgreiche und differenzierte Behandlung des chronischen Schmerzes erlernen können. Organisationsschemata für die Schmerzbehandlung sind bis jetzt überwiegend von Angehörigen der Fachdisziplin Anaesthesiologie aufgestellt worden, so von Gerbershagen (1984) für das Schmerzzentrum in Mainz oder von Kossmann, gemeinsam mit seinem Koautoren Dick in Ulm (1984) und Hempel in Tübingen (1984).

Neben den überregionalen Schmerzzentren, die auch für die Forschung und Lehre und damit zur Heranbildung einer ausreichend großen Zahl von qualifizierten Schmerztherapeuten geradezu unentbehrlich erscheinen, sind regional Schmerzzentren an Kliniken unter Einbeziehung von niedergelassenen Fachkollegen sowie syndromorientierte „Pain centers", beispielsweise für Kopfschmerz oder für Tumorschmerz, und auf bestimmte Therapieverfahren orientierte Schmerzzentren denkbar. Gerbershagen (1985) hält eine gewisse Standardisierung beim diagnostischen und therapeutischen Vorgehen für unbedingt notwendig. Auch hier können Schmerzzentren richtungsgebend sein. Eine solche Vereinheitlichung nach bestimmten Schemata spart Zeit und Geld. Bisher gehen die Impulse zur multidisziplinären Zusammenarbeit in erster Linie von den Kliniken aus. Aber auch die niedergelassenen Fachkollegen sind zum Mitwirken in einem Schmerzteam prinzipiell bereit, wenn auch diese Zusammenarbeit bis heute immer nur auf der Zweierebene von Kollege zu Kollege stattfinden kann. Die Zusammenarbeit mehrerer niedergelassener Fachkollegen unterschiedlicher Fachrichtungen und desgleichen auch zwischen Ambulanz und Krankenhaus, wie sie in den USA dank des dort häufig praktizierten Belegbettensystems der Fachärzte relativ leicht möglich ist, wird bei uns noch behindert. Vielversprechende Versuche von ambulanten Schmerzbehandlungszentren auf Krankenkassenbasis sind wegen der ungünstigen Abrechnungsbedingungen gegenwärtig fast von vornherein zum Scheitern verurteilt. So hat beispielsweise Pongratz, Herausgeber des gerade erschienenen sehr instruktiven Buches „Therapie chronischer Schmerzzustände in der Praxis" wissen lassen, daß sein Plan einer ambulanten Schmerztherapie im Münchner Raum nur unter Inkaufnahme ökonomischer Anlaufschwierigkeiten realisiert werden konnte. Dabei wäre eine solche Zusammenarbeit dringend geboten, damit nicht zukünftig fortgesetzt das passieren kann, was Isler (1985) in einigen Graphiken sehr anschaulich dargestellt hat. Die erste (Abb. 1) zeigt einen Fachkollegen, der – nicht über die Grenzen seines Spezialgebietes hinausschauend – den Patienten in das Prokrustes-Bett seines diagnostischen und therapeu-

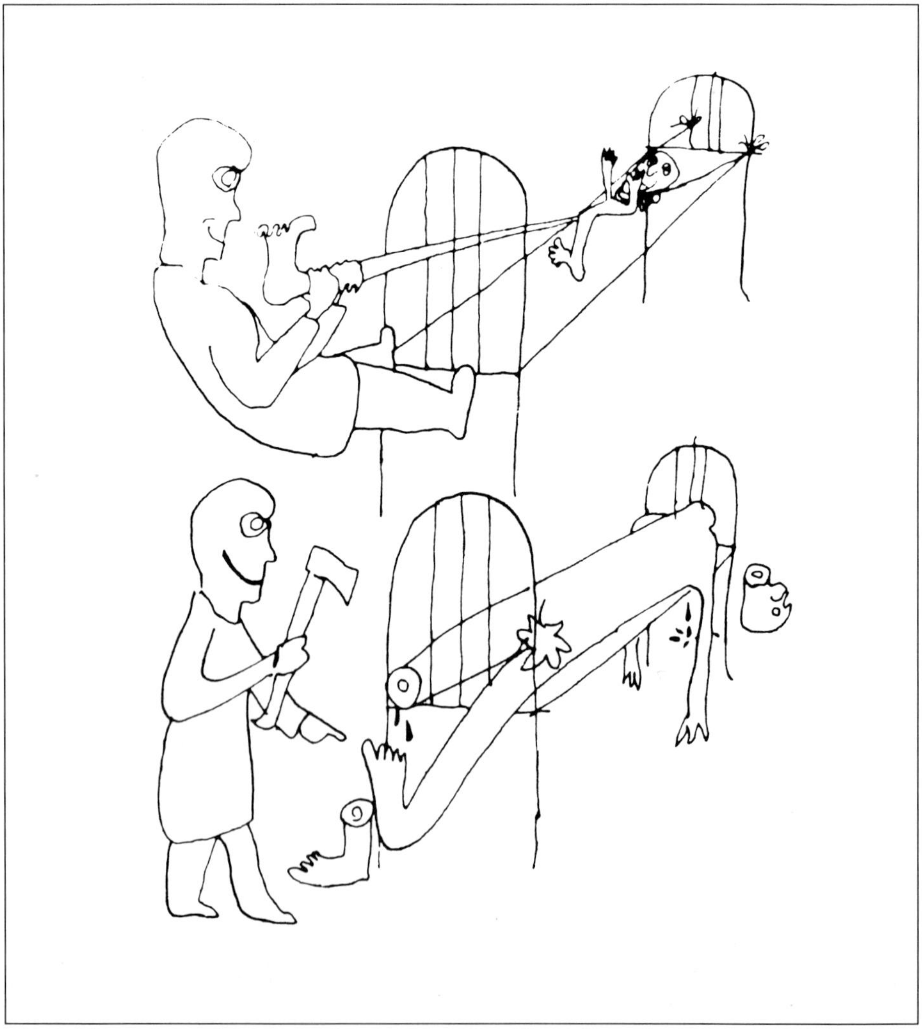

Abb. 1

tischen Schemas zu zwingen versucht. Auf der zweiten (Abb. 2) sehen wir einen Patienten, der – ähnlich der Irrfahrt des Odysseus – von Spezialarzt zu Spezialarzt läuft, Kosten verursacht, aber keine Heilung erfährt. Wie Isler in einer dritten mehr verwirrenden als einleuchtenden Graphik (Abb. 3) zum Ausdruck gebracht hat, bieten sich bei Versagen einer rationalen Behandlung des Kopfschmerzes alle möglichen Irrwege und Holzwege als Auswege an.

Wir sind der Auffassung, daß gerade die Zusammenarbeit unter Klinikern und unter niedergelassenen Ärzten und zwischen diesen beiden Gruppen auf dem Sektor Schmerztherapie ein enormes Potential an originellen Ideen und neuen Fähigkeiten zu fördern vermag

Abb. 2

und die soeben gesehenen Irrwege und Holzwege vermeiden hilft. Es sollte dann zukünftig nicht mehr vorkommen, daß der chronische Schmerzpatient letztendlich beim Heilpraktiker landet, – der zwar manchmal Erfolg hat, oft aber auch nicht, dem jedoch der Patient den Mißerfolg weniger übel nimmt, – sondern daß er von allem Anfang an zu spüren bekommt und davon überzeugt wird, daß er mit seinem Leiden verstanden wurde und Hilfe möglich ist. Nur durch die Zusammenarbeit aller daran interessierten und beteiligten Fachdisziplinen können die Vorteile verschiedener Methoden der Schmerztherapie auf einer rationalen Ebene herausgearbeitet werden. Wir denken beispielsweise in diesem Zusammenhang auch an die in Gang gekommenen Forschungen zur Wirkung der Akupunktur-

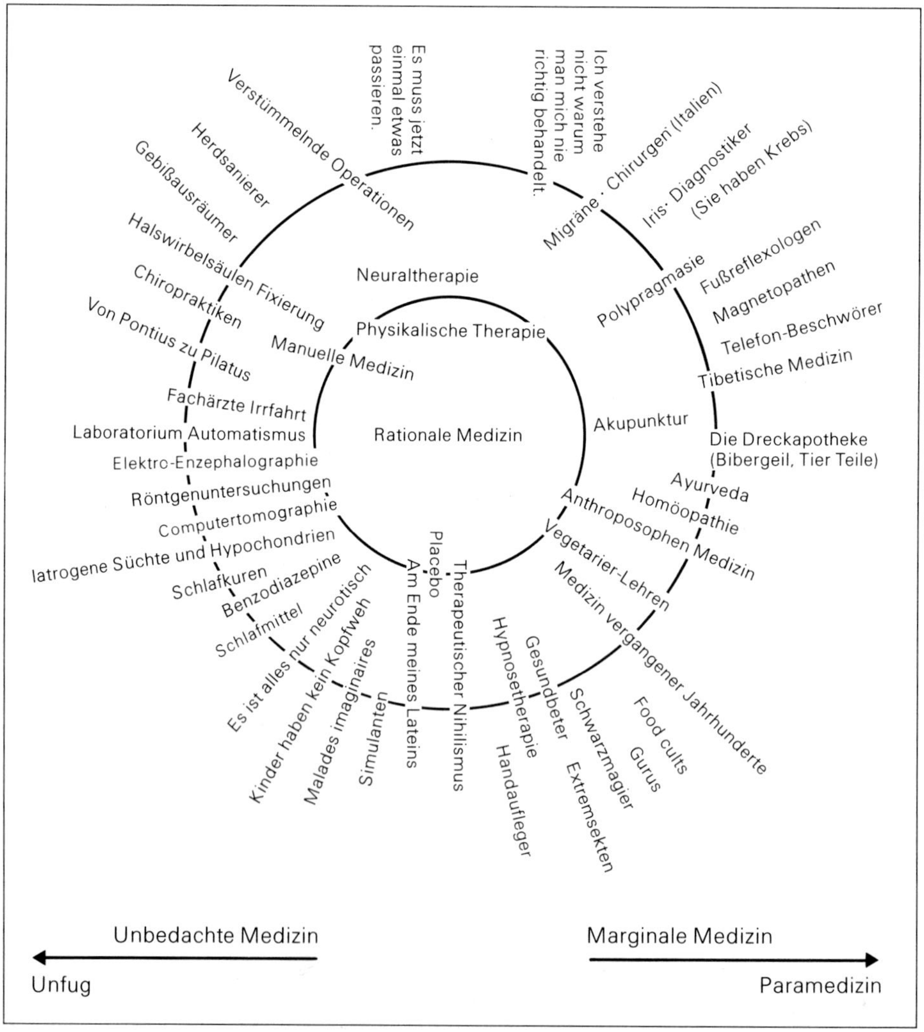

Abb. 3

behandlung. Es scheint sich herauszukristallisieren, daß die chinesische traditionelle Akupunktur, auch therapeutische Akupunktur genannt, als eine alternative Methode zur Aktivierung physiologischer Schmerzkontrollmechanismen in das Konzept der Schmerztherapie eingebaut werden kann und sich für dieses risikoarme Verfahren der symptomatischen Schmerzbehandlung ein medizinisch und medico-legal akzeptabler Indikationsbereich abgrenzen läßt (Baum 1985).

Bei zusammenfassender Beurteilung ist auch heute noch die Behandlung des Schmerzes, insonderheit seiner chronischen Formen, ein außerordentlich vielschichtiges, überaus komplexes und dazu noch sehr problemreiches medizinisches Aufgabengebiet. Zu seiner erfolgreichen Bewältigung bedarf es in erster Linie eines engen Zusammenwirkens aller Ärzte – gleich welcher Fachrichtung –, die Schmerzdiagnostik und Schmerztherapie betreiben. Die Diagnostik und Therapie von chronischen Schmerzkranken ist zweifellos, wie bereits im Titel dieses Einleitungsreferates zum Ausdruck gebracht werden soll, ein Musterbeispiel für interkollegiale und interdisziplinäre Kooperation. Sie stellt aber auch – und das darf keinesfalls außer acht gelassen werden – einen Prüfstein für eine derartige Zusammenarbeit dar.

Wir Ärzte sollten unseres Erachtens in der Bundesrepublik ganz allgemein und bei uns im Saarland im speziellen alle Anstrengungen unternehmen, um diese Prüfung mit einer guten Note zu bestehen und um damit unseren unzähligen Schmerzpatienten, wenn auch nicht immer vollständige Befreiung, so doch eine deutlich spürbare Linderung von ihren Qualen bringen und damit zu einer wesentlichen Verbesserung ihrer Lebensqualität verhelfen zu können. Diese Anstrengungen sollten sich auch im Saarland zunächst auf die Schaffung von sogenannten interkollegialen Schmerzkonferenzen konzentrieren. Durch Mitarbeit in diesem Kreis soll interessierten Ärzten die Möglichkeit gegeben werden, ihre Fachkompetenz zu vertiefen und zu erweitern sowie besonders schwierige Fallbeispiele zu erörtern und letzten Endes zu einer möglichst hohen Erfolgsquote der therapeutischen Bemühungen zu gelangen. Die Autoren sind gern bereit, am Zustandekommen einer derartigen Konferenz zwischen Ärzten verschiedener Disziplinen aus Klinik und Praxis aktiv mitzuwirken.

Literatur

Baum, J.:
Die Akupunktur: Probleme der wissenschaftlichen Anerkennung und Einsatzmöglichkeiten.
Dtsch. Ärztebl. 82 (1985) 397–401

Bonica, J. J.:
The Pain Clinic Concept: Introductory Remarks.
In: Anaesthesiology. Proceedings of the 7th World Congress of Anaesthesiologists.
Hamburg, September 14–21, 1980.
E. Rügheimer und M. Zindler (Hrsg.)
Excerpta Media Amsterdam-Oxford-Princeton 1981.

Gerbershagen, H. U.:
In: Anästehsiologie und Intensivmedizin Bd. 164.
Das Berufsbild des Anaesthesisten.
J. B. Brückner, P. Uter (Hrsg.)
Springer Berlin-Heidelberg-New York-Tokyo 1984.

Gerbershagen, H. U.:
Den chronischen Schmerz strategisch einkreisen.
Diagnostik 18, Nr. 13 (1985) 18–23

Gross, D.:
Multifaktorielle, interdisziplinäre Diagnose und konservative Therapie chronischer Schmerzzustände.
In: Schmerzkonferenz.
D. Gross, G. Thomalske und E. Schmitt (Hrsg.)
Fischer Stuttgart-New York 1984.

Isler, H.:
Hauptschwierigkeiten bei der Kopfwehbehandlung.
In: Kopfschmerz 1984/2–1985.
G. S. Barolin, S. Kascha und H. Schmid (Hrsg.)
Enke Stuttgart 1985.

Jurna, I.:
Pharmakologische Grundlagen der Schmerztherapie.
Dtsch. Ärztebl. 81 (1984) 1441–1447

Jurna, I.:
Mechanismen der Schmerzunterdrückung durch Pharmaka.
Münch. Med. Wschr. 127 (1985) 573–577

Kossmann, B., W. Dick:
Aufbau, Organisation und Planung einer Schmerzambulanz.
In: Schmerzambulanz.
Organisation – Probleme – Behandlungsmöglichkeiten.
B. Kossmann, V. Hempel (Hrsg.)
perimed Erlangen 1984.

Kossmann, B., V. Hempel:
In: Schmerzambulanz.
Organisation – Probleme – Behandlungsmöglichkeiten
perimed Erlangen 1984.

Peters, U. H.:
Haben Schmerzkliniken einen Sinn?
Münch. Med. Wschr. 126 (1984) 665–666

Pongratz, W.:
Therapie chronischer Schmerzzustände in der Praxis.
Springer Berlin-Heidelberg-New York-Tokyo 1985.

Porges, P.:
Konzepte für eine Schmerzambulanz.
Vortrag auf dem IV. Internationalen Heidelberger Anaesthesie-Symposium „Die aneasthesiologische Poliklinik"
am 1. Oktober, 1983 in Heidelberg.

Möglichkeiten und Grenzen der Behandlung des chronischen Schmerzes durch Medikamente*

U. Hutschenreuter, K. Hutschenreuter und F. Jungmann

Einführung

Nachfolgend sollen zunächst Veraussetzungen für eine effektive medikamentöse Schmerzbehandlung und einige Grundsätze bei der Anwendung von Medikamenten zur Behandlung von länger, d. h. Wochen bis Monate und Jahre dauernden Schmerzen mitgeteilt werden.

Im zweiten Teil werden Behandlungsschemata für chronische Schmerzzustände bei verschiedenen Grundleiden (Karzinom, Kopfschmerz, Gesichtsschmerz, sonstige neurologisch bedingte Schmerzen usw.) dargestellt.

Der dritte Teil dieses Beitrages befaßt sich mit dem Problem des Mißbrauchs und der Entwicklung einer Abhängigkeit von Schmerzmitteln. Er beleuchtet weiterhin die Aufgabe des Arztes, mit zentral wirksamen Schmerzmitteln sachgerecht und behütend (Keup, 1984) umzugehen und zugleich die Suchtkranken, die auf derartige stark wirksame Analgetika als Ersatzmittel zurückgreifen wollen, abzuschirmen, damit der Mißbrauch dieser für Schmerzpatienten sehr wichtigen Medikamente eingedämmt wird. Dieser Problemkreis ist durch die im September 1984 erfolgte Unterstellung aller Anwendungsformen von Pentazocin und Buprenorphin unter die Betäubungsmittel-Verschreibungsverordnung (BtM-VVO) besonders wichtig geworden. Für den niedergelassenen Arzt und für den Krankenhausarzt, der mit Schmerzpatienten zu tun hat, bedeutet diese Unterstellung eine zusätzliche Belastung, zumal gerade auch im Fall von Buprenorphin ein zentral wirkendes Analgetikum betroffen ist, dessen gut und lange wirkende und zugleich nebenwirkungsarme orale Applikationsform geschätzt wird.

* Geänderte und erweiterte Fassung von Vorträgen anläßlich einer Fortbildungsveranstaltung des Kreisvereins Homburg im Saarländischen Ärztesyndikat am 7. Mai 1985 in Homburg/Saar und eines Workshop über „Schmerztherapie in der Tumornachsorge" am 4. und 6. November 1985 in Illingen/Saar.

Es wird aber abschließend im vierten Teil darauf hingewiesen, daß dann, wenn der Arzt sich mit dem Procedere der Verschreibung von Betäubungsmitteln vertraut gemacht hat, für ihn auch künftig die Verordnung derartiger Betäubungsmittel ohne großen Mehraufwand möglich ist.

I. Wesentliche Grundzüge der medikamentösen Schmerzbehandlung.

1. Die Kenntnis der Neurophysiologie des Schmerzes als Grundlage der Schmerzbehandlung

Voraussetzung für den effektiven Einsatz von Medikamenten bei der Schmerzbehandlung sind neurophysiologische und psychophysiologische Kenntnisse darüber, wie eine durch eine Noxe hervorgerufene Schädigung des Gewebes das noziceptive System aktiviert und zu unterschiedlichen Reaktionen auch in verschiedenen Ebenen des peripheren und des zentralen Nervensystems führt (Zimmermann, 1983 und 1984):

- Eine Gewebsbeschädigung bewirkt Bildung und Freisetzung von Bradykinin, Histamin, 5-Hydroxytryptamin und Prostaglandin E 2.
- Diese algetisch wirkenden Substanzen erregen die **Noziceptoren,** d. h. freien Endigungen von sensiblen Nervenfasern (A-delta-Fasern und marklose C-Fasern).
- Über diese Fasern erfolgt Weiterleitung der Erregung zum ZNS: zunächst bis zur ersten Umschaltstelle im **Hinterhorn des Rückenmarks** in der Substantia gelatinosa, dort sind Synapsen zur Weiterleitung der **motorischen** (sogenannte noziceptive Reflexe als Fluchtbewegung oder als tonische Muskelkontraktionen mit Schonhaltungen und Muskelverspannungen) und der **sensiblen Antwort.**
- Die sensible Antwort geht über den **Tractus spinothalamicus** zu den unspezifischen **thalamischen Kernen.**
- Von hier erfolgt Weiterleitung zu den Assoziationsarealen der **Hirnrinde.**
- Zunächst beeinflußt die sensible Antwort durch Projektionen zum **limbischen** System die **Stimmungslage.**
- Durch weitere Kollateralen ausgehend vom Tractus spinothalamicus in der **Formatio reticularis** des Hirnstammes erfolgt Veränderung der **vegetativen Funktionen** (Herzfrequenz, Blutdruck und Atmung) und des **Wachzustandes.**
- **Die Erregungsüberleitung im Hinterhorn** des Rückenmarks **wird durch ein endorphinerges Neuron und durch eine** aus

dem periaquäduktalen Grau und den Raphe-Kernen **absteigenden Bahn gehemmt.**

2. Die Kenntnis des Wirkorts und des Rezeptorverhaltens verschiedener Pharmaka auf unterschiedlichen Ebenen des noziceptiven Systems als Grundlage der Schmerzbehandlung.

Die in vorgenannten Abschnitt erläuterten Reaktionsweisen des noziceptiven Systems können auf verschiedenen Ebenen durch Pharmaka beeinflußt werden (Jurna, 1984):

- **Die sog. schwächer wirkenden, überwiegend peripher angreifenden Analgetika** wirken in erster Linie **an den Noziceptoren:** Acetylsalicylsäure und andere Derivate schwacher Karbonsäuren wie Glafenin, Indomatacin, Naproxen, Diclofenac, weiterhin Pyracolonderivate wie Metamizol, welches auch bei starken Schmerzen wirkt und zusätzlich spasmolytische Eigenschaften hat, und das Aminophenolderivat Paracetamol. Letzteres hat als einziges dieser Medikamente keine entzündungshemmende Eigenschaft.
- **Die Unterbrechung der noziceptiven Reflexe,** also der zum Teil positiven Rückkoppelungsphänomene (Schmerzreiz – motorischer Reflex, der zu muskulärer Verspannung führt – verstärkte Erregung der Noziceptoren in Muskeln und Sehnen – noch stärkere muskuläre Verspannung) kann an verschiedenen Stellen und mit verschiedenen Mitteln erfolgen: Lokalanästhesie, afferente Hyperstimulation durch transkutane Nervenstimulation (TNS), Akupunktur, sog. zentrale Muskelrelaxation durch Dämpfung der polysynaptischen Muskelreflexe z. B. mittels Benzodiazepinderivaten, welche zusätzlich noch einen zentral angstlösenden und sedierenden Effekt haben.
- Speziell bei der **Trigeminusneuralgie** wirken das Antiepileptikum Carbamacepin, Phenytonin und Clonazepam durch Hemmung der synaptischen Erregungsüberleitung von den noziceptiven Afferenzen auf nachgeschaltete Neurone in der Substantia gelantinosa des sensiblen Trigeminuskerns.
- Die **Analgetika vom Typ des Morphins wirken** im Gegensatz zu anderen Analgetika **auf verschiedenen Ebenen des noziceptiven Systems;** dies macht verständlich, warum sie zu den stärksten Analgetika gehören: Am Rückenmark weisen insbesondere die Substantia gelatinosa (hier blockiert Morphin die noziceptive Erregungsüberleitung), das periaquäduktale Grau und die Raphekerne (hier wirkt Morphin durch Aktivierung der deszendierenden Hemmung dämpfend auf die spinale Fortleitung der Er-

regungsantwort) eine hohe Dichte von Opiatrezeptoren auf. Weiterhin finden wir Opiatrezeptoren in thalamischen Kernen mit Projektionen zu den Assoziationsarealen der Hirnrinde, die bei der Schmerzverarbeitung bedeutsam sind, und es gibt Opiatrezeptoren im nigro-strialen System. Hier können außerdem **Neuroleptika** durch ihre Einwirkung auf Dopaminrezeptoren die Schmerzempfindung verhindern.

Schließlich finden sich vermehrt Opiatrezeptoren und höhere Endorphinkonzentrationen im limbischen System (einer morphologischen Grundlage der emotionalen und affektiven Schmerzverarbeitung). Hier lösen Analgetika vom Typ des Morphins eine euphorisierende Wirkung aus. Diese Wirkung muß im Zusammenhang mit dem Mißbrauch und der psychischen Abhängigkeit gesehen werden. Es wird angenommen, daß hier auch ein Angriffsort der **Antidepressiva** auf die Dämpfung der Schmerzempfindung liegt.

3. Die Kenntnis der Pharmakodynamik (Dosis-Wirkungs-Beziehung) und der Pharmakokinetik (Resorption, Verteilung und Elimination) der einzelnen Medikamente als Voraussetzung für ihre effektive Anwendung.

Der Arzt sollte wissen, bei welcher Applikationsform in welcher Zeit und in welchem Umfang ein Medikament resorbiert wird, um je nach Bedarf die Applikationsform auszuwählen. Ihm sollte bekannt sein, daß beispielsweise die intestinale Resorption von Medikamenten wechseln kann (so ist sie im Migräneanfall herabgesetzt). Bei der Dosierung wird er gegebenenfalls eine eingeschränkte Entgiftungsfunktion der Leber oder eine Insuffizienz der Nieren mit eingeschränkter Ausscheidung berücksichtigen.

Der behandelnde Arzt wird einerseits versuchen, mit einer möglichst niedrigen Menge an Medikamenten auszukommen, andererseits wird er die Dosis und die Dosierungsintervalle so wählen, daß die Plasmakonzentrationen des Medikamentes kontinuierlich im therapeutischen Bereich liegen. Als Faustregel gilt, daß dies dann der Fall ist, wenn die Dosierungsintervalle etwa ⅔ der jeweiligen Halbwertzeit betragen. Schmerzmittel sollen also nicht erst dann gegeben werden, wenn der Patient erneut Schmerzen verspürt und den Arzt darum bittet, sondern unter Berücksichtigung der Pharmakodynamik des jeweiligen Medikamentes und unter Berücksichtigung der individuellen Reaktionsweise des Patienten werden Dosis und Intervalle festgelegt. Diese Regel gilt bei der Behandlung von starken Tumorschmerzen ebenso wie bei der Behandlung von postoperativen Schmerzen. Wenn in der Chirurgie beispielsweise am 2. oder 3. postoperativen Tag von einem zunächst gegebenen Opioid (z. B. Buprenorphin) umgestiegen werden soll auf Acetylsalicylsäure, so wird der Arzt bedenken, daß Buprenorphin eine klinische Wirkungsdauer von 6–8–10 Stunden hat, während das Dosierungsintervall der Acetylsalicylsäure zwischen 4 und 6 Stunden liegt. Die Acetylsalicylsäure kann hier sehr wohl ausreichende Wirkung bringen, wenn der Arzt berücksichtigt, daß das berühmte „3 x täglich" bei der Acetylsalicylsäure pharmakologisch meist unzureichend ist.

Wenn im Gespräch mit dem Patienten gemäß dessen individuellen Erfordernissen Dosis und Intervall festgelegt und dann auch beibehalten werden, so wird mit dieser Vorgehensweise nicht nur der Pharmakologie, sondern auch der richtigen psychischen Führung von chronischen Schmerzpatienten und dann auch dem Ziel der Vermeidung von Toleranzentwicklung und Sucht entsprochen.

4. Berücksichtigung der komplexen somato-psycho-sozialen Genese chronischer Schmerzzustände.

Im Gegensatz zu dem in der Regel monokausal bedingten akuten Schmerz spielen bei der Entwicklung von Wochen, Monate und Jahre bestehenden Schmerzen psychische Faktoren wie Persönlichkeit, soziokultureller Hintergrund, die Art des Arzt-Patienten-Verhältnisses einschließlich das Erleben bereits fehlgeschlagener Schmerzbehandlungen und die Entwicklung von körperlichen Schonhaltungen bei funktionellen Beschwerden eine entscheidende Rolle. Entsprechend dieser vielfältigen und mehrdimensionalen Pathogenese ist auch die Therapie oft schwieriger und oft mehrschichtig.

Der Arzt wird versuchen, den auf mehreren Ebenen stattfindenden positiven Rückkoppelungsmechanismus, also den pathologischen Funktionskreis (Circulus vitiosus), der zur Schmerzverstärkung und zur Schmerzunterhaltung führt, zu erfassen und evtl. auch an verschiedenen Stellen zu unterbrechen. Folgende drei bei chronischen Schmerzzuständen häufig wirksame pathologische Funktionskreise seien hier genannt:

1. Reizung der Noziceptoren – motorische Abwehrreflexe – verstärkte muskuläre Verspannung – dadurch noch stärkere Reizung der Noziceptoren – noch intensiveres und chronisches Schmerzerleben.
2. Erleben des akuten Schmerzes – vegetative Erregung – Bindung

des Schmerzerlebens an eine allgemeine vegetative Erregung – durch diese Bindung des Schmerzerlebens an vegetative Erregung insgesamt veränderte psychische Reaktionsweise mit erhöhter Sensibilität und Reagibilität gegenüber dem länger bestehenden Schmerz – hierdurch verstärktes subjektives Schmerzerleben.

3. Erleben des akuten Schmerzes – zunächst Angst als Reaktion auf den akuten Schmerz – bei Weiterbestehen des Schmerzes und bei Chronifizierung zunehmendes Gefühl des Verlustes der Kontrolle über die eigene Situation – depressive Erlebensweise mit einer ängstlich, mißmutigen Verstimmung und erhöhter Empfindlichkeit und Reizbarkeit – Einschränkung von Interessen und Erlebnisfähigkeit mit zunehmendem sozialen Rückzug und einer passiv abhängigen und latent aggressiven Haltung gegenüber Arzt und Pflegepersonal – die affektive Einengung führt zur Zunahme des Schmerzerlebens – schließlich apathisch-resignative Haltung.

Die Unterbrechung dieser Funktionskreise kann in Abhängigkeit von der jeweiligen Grunderkrankung, die am Ausgangspunkt des Geschehens stand, auf folgenden Wegen erfolgen:

- **Spezifische Behandlung** des Grundleidens, **sofern möglich,** zumindest aber palliatives Verfahren zur Eingrenzung oder Rückdrängung des Krankheitsgeschehens sowohl chirurgisch als auch medikamentös.
- **Physikalische Verfahren** und **allgemeine aktivierende physikalische Methoden zur Unterbrechung der Reizleitung:** Lokale Nerven- bzw. Plexusblockade, neurolytische Injektion, peridurale Opiatgabe, transkutane Nervenstimulation, Elektrostimulation, Chordotomie usw.
- **Gabe von Analgetika gemäß einem Stufenprinzip** beginnend mit sogenannten „schwächeren" und peripher bis hin zu stärkeren und zentral wirkenden.
- **Gabe von** anderen auf das noziceptive System besonders im Bereich des ZNS wirkenden Pharmaka wie **Antidepressiva, Neuroleptika,** selten auch **Beta-Blocker** und in Ausnahmefällen und vorübergehend auch **Tranquilizer** mit folgenden Zielen:
  a) Vegetative Dämpfung und damit Abkopplung des Schmerzerlebens von der psychovegetativen Reaktionsweise, also innere Distanzierung vom Schmerzerleben;
  b) Aufhellen der depressiven Verstimmung und Abbau der inneren Unruhe;
  c) durch a) und b) Einsparung an Analgetika; schwächere und peripher wirkende Analgetika reichen dann oft aus.

Temgesic®

Temgesic ist ein starkes, zentral wirksames Analgetikum mit folgenden Vorteilen:

- Hohe analgetische Wirkstärke
- Überdurchschnittlich lange Wirkdauer
- Große therapeutische Breite

Temgesic ist indiziert bei schweren und schwersten Schmerzzuständen:

- bei akuten Schmerzen
  Dosierung: 1 Ampulle alle 6 bis 8 Stunden.
- bei chronischen Schmerzen
  Dosierung: 1 bis 2 Sublingualtabletten alle 6 bis 8 Stunden.
- zur Langzeittherapie von Karzinomschmerzen
  Dosierung: Individuell in festgelegten Zeitintervallen – **nicht nach Bedarf!**

Zusammensetzung: 1 Ampulle Temgesic 0,3 enthält 0,324 mg Buprenorphinhydrochlorid, entsprechend 0,3 mg Buprenorphin, in 1 ml Injektionslösung. 1 Sublingualtablette enthält 0,216 mg Buprenorphinhydrochlorid, entsprechend 0,2 mg Buprenorphin. **Indikationen:** Schwere und schwerste Schmerzzustände, z. B. postoperativ, posttraumatisch, bei Herzinfarkt und Tumoren. Hinweis: Kopfschmerzen, Zahnschmerzen, Migräne oder andere Schmerzzustände, die mit peripher wirkenden Analgetika oder mit Spasmolytika behandelt werden können, stellen keine Indikation für Temgesic dar. **Kontraindikationen:** Überempfindlichkeit gegen Buprenorphin, gleichzeitige Behandlung mit MAO-Hemmern, erhöhter intrakranieller Druck. Temgesic darf bei manifester Atemfunktionsstörung nicht angewendet werden, bei eingeschränkter Atemfunktion (z. B. Asthma bronchiale, Emphysem-Bronchitis) nur in der Klinik unter besonderer Überwachung. Während der Schwangerschaft und Stillzeit, bei Säuglingen, Kleinkindern und Kindern sollte Temgesic nicht eingesetzt werden. **Nebenwirkungen:** Sedierung, postoperative Müdigkeit, Schlaf, Miosis. Gelegentlich kann eine Verlangsamung der Atmung (Atemdepression) eintreten, die mehrere Stunden anhalten kann. Übelkeit, Obstipation und Erbrechen können auftreten, ebenso Schwindel, Schweißausbrüche, Benommenheit, Verwirrtheitszustände sowie Tonussteigerung der glatten Muskulatur. Temgesic wird in der Leber metabolisiert, daher kann die Dauer und Intensität der Wirkung bei eingeschränkter Leberfunktion verstärkt werden. Temgesic verändert das Reaktionsvermögen soweit, daß die aktive Teilnahme am Straßenverkehr oder das Bedienen von Maschinen nicht in Frage kommt. Gelegentlich wird eine Stimmungsaufhellung beobachtet. Da das Gewöhnungs- und Abhängigkeitsrisiko von Temgesic noch nicht ausreichend geklärt ist, darf es nur bei strengster Indikationsstellung über einen längeren Zeitraum verabreicht werden.

Für die Verordnung: Temgesic 0,3-Ampullen: Originalpackung: 5 Ampullen 0,324 mg* zu 1 ml Injektionslösung DM 31,10; Temgesic sublingual: Originalpackung: 10 Sublingualtabletten à 0,216 mg* DM 17,20; 20 Sublingualtabletten à 0,216 mg* DM 31,40. Stand: August 1986. Temgesic unterliegt der Betäubungsmittel-Verschreibungsverordnung. Die Tageshöchstmenge beträgt 10 mg pro Patient (= 30 Ampullen bzw. 46 Sublingualtabletten).

* Betäubungsmittelgerechte Schreibweise

- **Die allgemeine ärztliche Kunst der psychischen Führung und des Begleitens** von Schmerzpatienten und **spezielle psychologische bzw. psychotherapeutische** Verfahren:

  Die vorgenannten Behandlungswege sind nur in vollem Umfang wirksam, wenn sie eingebettet sind in die allgemeine ärztliche Kunst der Patientenführung. Diese ärztliche Kunst wird umso bedeutungsvoller, je weniger andere Verfahren den Schmerz beeinflussen können.

5. Allgemeines Stufenschema einer Therapie des chronischen Schmerzes mit Analgetika.

Dieses Stufenschema gilt in erster Linie für die Behandlung des Tumorschmerzes. Für die Behandlung chronischer, benigner Schmerzzustände sollten in der Regel nur die sogenannten schwachen bis mittelstarken, überwiegend peripher wirkenden Analgetika wie Acetylsalicylsäure evtl. in Kombination mit einem schwächer zentral wirkenden Analgetikum wie Codein verwendet werden. Stärkere zentral wirkende Analgetika sollten bei chronischen benignen Schmerzzuständen in der Regel nicht, in Ausnahmefällen allenfalls bei sehr akuten Verschlechterungen nur vorübergehend Anwendung finden.

Die unterschiedlichen Wirkorte der Opioide und der peripher wirkenden Analgetika legen die Kombination dieser unterschiedlichen Substanzgruppen mit dem Ziel einer Addierung der analgetischen Effekte nahe, während sich die Nebenwirkungen, da von Stoff zu Stoff völlig unterschiedlich, nicht gegenseitig verstärken.

Es muß betont werden, daß bei Opioiden wegen des sog. „Deckeneffektes“ (engl.: "Ceiling effect") – eine weitere Wirkungssteigerung durch Dosiserhöhung nicht mehr möglich ist, da die vorhandenen Rezeptoren weitgehend besetzt sind für den Fall, daß bei einer „normalen“ Dosierung kein ausreichender Effekt erreicht wird, ist eine extrem hohe Dosierung nicht nur gefährlich sondern sinnlos. Hier bietet sich zunächst die Kombination mit einem Schmerzmittel, welches einen anderen Wirkort hat, an. Umgekehrt ist auch die Hemmung der Prostaglandin-Synthese durch peripher wirksame Analgetika ein bei Dosissteigerung erschöpfbarer Mechanismus der Analgesie. Wenn also mit peripher wirksamen Analgetika kein ausreichender Effekt erreicht wird, ist auch hier die Kombination mit anderen Analgetika angezeigt. In der Urologie und in der Gynäkologie spielen zudem Spasmen der glatten Muskulatur als Auslöser starker Schmerzen eine wichtige Rolle. Dementsprechend ist hier der Versuch mit einem Spasmolytikum in Kombination mit einem peripher wirkenden Analgetikum angezeigt, bevor noch stärkere Analgetika eingesetzt werden.

Schwache bis mittelstarke Analgetika:

a) Peripher wirkende Analgetika: Ein Therapieversuch mit diesen Analgetika – z. B. Acetylsalicylsäure in ausreichender Dosierung und mit entsprechend kurzem Dosierungsintervall – ist bei der Mehrzahl der Schmerzzustände angezeigt, so beispielsweise auch bei der Migränebehandlung, aber auch bei der Behandlung von Krebsschmerzen, inbesondere bei Knochenschmerzen, Kompressionen von Sehnen, Schmerzen in Muskeln und Weichteilen und bei Entzündungen. Die entzündungshemmende Wirkung dieser Medikamente und auch der hier zu erwähnenden Antirheumatika kann ebenfalls genutzt werden. Paracetamol ist gegen Knochenschmerzen weniger wirksam. Diclofenac soll bei Ureter-Koliken etwa so wirken wie niedrig dosiertes Morphin. Ebenfalls wirksam sind andere antiphlogistische Stoffe mit relativ kurzer Halbwertzeit. Bei dysmenorrhoischen Beschwerden werden außer Acetylsalicylsäure auch Ibuprofen, Mefenaminsäure und Naproxen empfohlen.

b) Zentral wirkende schwächere bis mittelstarke Analgetika: Zu erwähnen ist hier zunächst Codein, welches in seiner Wirkung den peripher angreifende Analgetika entspricht (Warnung: Codein darf auf keinen Fall Drogengefährdeten und Drogenabhängigen gegeben werden, da diese Codein als Ersatzmittel benutzen). Eine Kombination mit den vorgenannten Medikamenten wie Acetylsalicylsäure oder Paracetamol ist sinnvoll. Dextropropoxyphen ist ebenso wirksam wie Codein. Auch Nefopam wäre hier einzuordnen, ist jedoch noch etwas stärker wirksam. Nefopam sollte wegen der Gefahr von Leberschäden nicht mit Paracetamol kombiniert werden. Codein, Dextropropoxyphen und Nefopam können bei stärkerer Dosierung Übelkeit und Erbrechen, mit Ausnahme von Nefopam auch Obstipation auslösen und sollten bei Krampfleiden nicht gegeben werden.

Starke zentral wirksame Analgetika:

In vielen anderen Ländern spielen zur Bekämpfung des Krebsschmerzes Morphin und auch Heroin eine wichtige Rolle. In der Bundesrepublik wurden aus Gründen der einfacheren Verordnungsweise bisher besonders die Medikamente eingesetzt, die nicht der BtM-VVO unterstellt waren und die länger wirksam sind als das relativ kurz wirksame Morphin (4 Stunden). Hier ist insbesondere das gut und lange wirksame, sublingual zu applizierende Buprenorphin (dessen Wirkung durch Opiatantagonisten wie Naloxon kaum aufgehoben wird) zu nennen (eine Atemdepression durch Buprenorphin, die bei oraler Applikationsform allenfalls bei Überdosierung auftritt, kann durch das Atemanaleptikum Doxapram abgeschwächt werden). Ebenfalls länger wirkend ist ein neues Morphinpräparat in Retardform. Die 30-mg-Tablette erlaubt jedoch keine fein abgestimmte individuelle Dosierung. Kürzer wirksam sind neben Morphin das Tramadol und das Tilidin, welches in Kombination mit dem Morphinantagonisten Naloxon im Handel ist, und noch kürzer wirkt das Pentazocin. Die starken zentral wirkenden Analgetika haben eine Reihe von gemeinsamen Nebenwirkungen wie Schwitzen, Schwindel, Übelkeit, Erbrechen, Müdigkeit oder Benommenheit, Verlängerung der Darmpassagezeit mit Obstipation, Spasmen der glatten Muskulatur, auch Steigerung der Krampfbereitschaft, mit Ausnahme von Tramal auch atemdepressorische Wirkung in höheren Dosen. Bei schwersten Tumorschmerzen, die mit anderen Methoden nicht mehr zu beherrschen sind, empfehlen Bowlder, Berg-Seiter, Kossmann (1984) einen Morphin-Haloperidol-Cocktail in 4-stündigen Abständen mit einer Einzeldosis an Morphin von 10 mg bis 40 mg und einer Einzeldosis an Haloperidol von 0,25 mg mit destilliertem Wasser aufgefüllt auf eine Gesamtmenge von 5 ml, so daß der Patient eine Dosisreduzierung oder eine Erhöhung nicht erkennt. Die Einnahme eines Laxans wegen der Nebenwirkung der Obstipation ist bei der Dauertherapie von Morphin fast immer notwendig.

Als letzten Schritt bietet sich dann noch die Möglichkeit der periduralen Opiatanalgesie an, sofern es sich um einen sog. „opiatsensiblen" Schmerz handelt. Damit ist eine regionale Schmerzdämpfung gegeben. In 12 bis 15-stündigem Abstand werden 3–5 mg Morphin oder 0,15–0,3 mg Buprenorphin – gelöst in 10–20 ml Kochsalzlösung – peridural injiziert. Zenz (1984) hat eine Atemdepression bisher noch nicht beobachtet. Nach Schmitt (1984) ist bislang eine Atemdepression nur bei Morphin, jedoch nicht bei dem fettlöslichen Buprenorphin aufgetreten. Laut Zenz (1984) könnte eine Indikation zur periduralen Opiatanalgesie in folgenden Fällen gegeben sein: Unwirksamkeit systemisch gegebener Opiate; Nebenwirkungen bei systemisch gegebenen Opiaten; finales Krankheitsstadium; Unmöglichkeit einer Operation, Neurolyse oder Chordotomie.

Analgetika zur oralen Schmerzbehandlung

Chemische Kurzbezeichnung	Dosierung (Häufigkeit pro Tag und Einzeldosis)
Acetylsalicylsäure	4 – 6 x 500 – 1.000 mg
Indometacin	3 – 4 x 50 – 100 mg
Paracetamol	4 – 6 x 500 – 1.000 mg
Metamizol	3 – 4 x 500 – 1.000 mg
Codein	4 – 6 x 30 – 130 mg
Dextropropoxyphen	2 – 3 x 15 – 30 mg
Nefopam	3 – 6 x 30 – 90 mg
Tilidin	3 – 4 – 8 x 50 – 100 mg
Pentazocin (BtM)	6 – 8 x 25 – 50 – 100 mg
Tramadol	6 – 8 x 50 – 100 mg
Morphin (BtM)	6 – 8 x 5 – 200 mg
Morphin retard (BtM)	2 – 3 x 30 – 150 mg
Buprenorphin (BtM)	3 – 4 (5) x 0,2 – 1 (2) mg

6. Wichtige Regeln bei der Schmerztherapie mit zentral wirkenden Analgetika.

Gegenüber der Anwendung von zentral wirkenden Analgetika besteht immer noch eine Reihe von Vorbehalten: Bedenken wegen Toleranzentwicklung, Suchtgefahr und Atemdepression sowie sonstiger Nebenwirkungen. Diese Vorbehalte bestehen sicher zu Recht beim Langzeiteinsatz dieser Medikamente zur Behandlung von chronischen gutartigen Schmerzen und hier insbesondere bei entsprechend suchtgefährdeten Patienten. Sie sind jedoch nicht berechtigt bei der Tumorschmerztherapie. Oft haben hier Therapiefehler zu den Vorbehalten beigetragen: Zu niedrige Dosierung, zu späte Anwendung, falsche Applikationsform (zu schneller Griff nach der Injektion), Dosierung nach Bedarf und damit Förderung der Toleranzentwicklung und der Suchtentwicklung. Bei genauer Kenntnis der Pharmakologie der Substanzen und bei richtiger Anwendungsweise sind die Vorbehalte weitgehend unbegründet.

Folgende Regeln sind zu beachten:

▶ **Die Behandlung darf nicht zur Passivierung der Patienten führen, sondern soll dem Patienten ein Höchstmaß an realer Selbstkontrolle über seinen Zustand vermitteln.**

Je passiver und hilfloser sich der Patient erlebt, umso subjektiv stärker ist das Schmerzerleben. Je aktiver er ist und je stärker er das Gefühl der Kontrolle über den Zustand hat, umso geringer erlebt er die Schmerzen. Die Förderung der Eigenaktivität und des Gefühls der Kontrolle über die Situation kann durch folgende Vorgehensweisen erfolgen:

- orale Applikationsform
- individuelle Festlegung der wirksamen Dosis für eine ausreichende Analgesie. In der Regel reichen 1–2 Wochen, um sich gemeinsam mit dem Patienten an die individuelle Wirkdosis heranzutasten. Ziel sollte eine Schmerzfreiheit von 4 und mehr Stunden zwischen jedem Dosierungsintervall sein, also keine Therapie des bereits eingetretenen Schmerzes, sondern Prophylaxe des Schmerzes.

▶ **Regelmäßige Zeitintervalle sind erforderlich**

Die Einstellung des Patienten im Laufe von 1–2 Wochen führt schließlich zu einem 24-Stunden-Zeitplan mit regelmäßigen Dosierungsintervallen zum Ziele der Schmerzprophylaxe. Je länger das Analgetikum wirksam ist (z. B. Buprenorphin), umso größer sind die Dosierungsintervalle.

Im Bedarfsfalle muß der Patient auch nachts ein Medikament einnehmen, damit hierdurch das von dem Patienten besonders gefürchtete Schmerzmaximum am frühen Morgen vermieden wird. Eine Unterbrechung der Nachtruhe ist weniger belastend als die sehr starken Schmerzen am frühen Morgen.

Die regelmäßigen Zeitintervalle dienen auch der Vermeidung von Abhängigkeit und Toleranz (s. u.).

▶ **Orale Einnahme ist anderen Applikationsformen vorzuziehen.**

Die orale Einnahme vermittelt dem Patienten ein höheres Maß an Kontrolle und Eigenaktivität. Der pharmakologische Vorteil der oralen Applikation liegt in den geringen Schwankungen der Plasmaspiegel.

Durch die Einhaltung der vorgenannten Regeln werden die Entwicklung einer Toleranz und einer Abhängigkeit vermieden. Besonders bedeutsam ist die Festlegung von regelmäßigen Zeitintervallen. Wenn der Arzt dies nicht tut, sondern statt dessen den Patienten immer wieder um ein Schmerzmittel bitten läßt, wenn die Schmerzen bereits aufgetreten sind, setzt er den Patienten damit folgendem gefährlichen, eine psychische Abhängigkeit von Medikamenten fördernden Reiz-Reaktions-Muster aus:

Nachlassen der Wirkung des Analgetikums
↓
- Wiederauftreten von Schmerzen, Gefühl des Unwohlseins
↓
- Angst vor stärkerem Schmerz
↓
- Wunsch nach Schmerzbeseitigung
↓
- Wunsch nach Schmerzmitteln
↓
- Ruf nach Schmerzmitteln
↓
- Erhalt des Schmerzmittels
↓
- Rückgang des Schmerzes und des Unwohlseins

Nach kurzer Zeit wird bei entsprechend disponierten Patienten bald jedes kleine Gefühl des Unwohlseins mit dem Verlangen nach einem Schmerzmittel gekoppelt sein, eine psychische Abhängigkeit vom Schmerzmittel hat sich entwickelt, was wiederum eine subjektive Zunahme der Schmerzen und auch eine Zunahme der vom medizinischen Personal passiv abhängigen Haltung bewirkt.

▶ **Nach fachlich richtiger Einleitung einer Schmerzprophylaxe mit stark wirksamen Analgetika sind fortlaufende Kontrollen des Therapieerfolgs und Überwachung des Patienten aus folgenden Gründen notwendig:**
- **Anpassung der Dosis,** z. B. bei Zunahme der Schmerzen im Zusammenhang mit der Grunderkrankung oder bei vermehrtem Auftreten von Nebenwirkungen.
- **Die psychische Führung** des schmerzkranken Patienten trägt wesentlich zur Schmerzlinderung bei (siehe unter Nr. 8).
- **Nebenwirkungen** der Analgetikatherapie müssen rechtzeitig erkannt und behandelt werden.

Durch das Fortschreiten der Grunderkrankung kann es zu einer Verstärkung der Schmerzen kommen. Dies macht in Abstimmung zwischen Patient und Arzt eine **Dosissteigerung** entweder durch Erhöhung der Einzeldosis oder durch Verkürzung des Intervalls erforderlich. Eine **Dosisreduktion** kann angezeigt sein, wenn vermehrt Nebenwirkungen wie Müdigkeit oder Benommenheit auftreten. Diese psychisch dämpfenden Nebenwirkungen treten in der Regel zu Beginn der Behandlung auf.

Andere Nebenwirkungen können gezielt durch zusätzliche Maßnahmen bekämpft werden, beispielsweise die Gabe von Antiemetika evtl. auch Gabe von Neuroleptika (s. u.) bei Übelkeit und Erbrechen. Darmträgheit kann durch milde Laxanzien und durch entsprechende Diätanweisungen bekämpft werden. Mit einer Atemdepression ist bei der oralen Gabe von Morphinderivaten nicht zu rechnen, vorausgesetzt, Dosissteigerungen erfolgen langsam.

7. „Adjuvante" Schmerzbehandlung mit Psychopharmaka (Antidepressiva, Neuroleptika, evtl. auch Beta-Blocker und Tranquilizer)

Bevorzugt in der Psychiatrie und Neurologie wurden seit Aufkommen der modernen Psychopharmaka in den 50er Jahren sowohl Neuroleptika und später dann auch Antidepressiva zur adjuvanten oder auch primären Behandlung von chronischen Schmerzzuständen eingesetzt. Es liegt eine Vielzahl von Erfahrungsberichten über Levomepromacin, Promethazin, Haloperidol und anderen Neuroleptika vor. Antidepressiva (= Thymoleptika) wie Chlomipramin usw. wurden ebenfalls mit Erfolg bei der Behandlung chronischer Schmerzzustände eingesetzt. Da jedoch sowohl bei der Gabe von Antidepressiva als auch von Neuroleptika ein unerklärbarer Prozentanteil von Therapieversagern auftrat, wurde der Versuch gemacht, bei der Behandlung chronischer Schmerzzustände Antidepressiva und Neuroleptika zu kombinieren (Plattig und Kocher, 1983; Payk, 1983). Bei dieser Kombination von Antidepressiva und Neuroleptika reichen im allgemeinen so niedrige Dosen aus, daß dann meist eine ambulante Behandlung möglich ist. Die Kombinationsbehandlung enthält den antidepressiven und den neuroleptischen Effekt, wodurch das Wirkungsspektrum offensichtlich erweitert wird. Es ist anzunehmen, daß bei der Kombinationsbehandlung die positive Wirkung der Antidepressiva auf die seretonergischen und noradrenergischen (Schmerz-)hemmenden Bahnen durch die Wirkung der Neuroleptika (besonders des Haloperidols, eines Opiatantagonisten) potenziert wird (Plattig und Kocher, 1983). Möglicherweise wirken methylierte trizyklische Antidepressiva (z. B. Amitriptylin) auch direkt antinoziceptiv, evtl. durch Aktivierung von hemmenden Bahnen im Rückenmark. Ein positiver Nebeneffekt bei der Verwendung von Neuroleptika bei der Schmerzbehandlung ist deren – unterschiedlich ausgeprägte – antiemetische Wirkung, welche im Bedarfsfall zur Dämpfung der Nebenwirkung von Morphinderivaten gezielt genutzt werden kann.

Ausgehend von dem unterschiedlichen Wirkungsprofil einzelner Neuroleptika bzw. Thymoleptika können bestimmte Kombinationen zur gezielten Behandlung spezifischer psychischer Verhaltens- und

Erlebnistendenzen bei chronischen Schmerzzuständen gewählt werden (Payk, 1983):

Gequält-unruhige Tendenz

Neuroleptikum	Thymoleptikum = Antidepressivum
Levomepromazin	Amitriptylin
Haloperidol	Clomipramin
Promethazin	Doxepin
Chlorprothixen	Trazodon
Melperon	Mianserin
Thioridazin	

Matt-passiv-gequälte Tendenz

Neuroleptikum	Thymoleptikum = Antidepressivum
Flupentixol	Imipramin
Pimozid	Mianserin
Melperon	Lofepramin
Perphenazin	Maprotilin
Thioridazin	Melitracen

Praktisch geht man so vor, daß in aufsteigender Dosierung unter Beachtung der Nebenwirkungen evtl. unter tagelanger Beibehaltung der höchstmöglichen Dosis behandelt wird, bis eine Wirkung erreicht ist. Dann wird die Dosis allmählich bis zur notwendigen Erhaltungsdosis reduziert. Diese Kombinationsbehandlung ist nach Payk umso erfolgreicher, je mehr das Schmerzerlebnis zentral fixiert und psychologisch ausgestaltet ist. Bisher wurden überwiegend neurologisch bedingte Schmerzsyndrome (isolierte Algien, Stumpfneuralgie, Polyneuropathie, Phantomschmerz, Zoster-Neuralgie, Prosopalgie/Anaesthesia dolorosa) und Tumorschmerzen behandelt. Gibt man Antidepressiva allein, so ist nach unseren Erfahrungen die Kombination von Clomipramin und Maprotilin besonders wirkungsvoll. Antidepressiva alleine können in Verbindung mit einem verhaltenstherapeutischen Programm zur Behandlung chronischer gutartiger Schmerzen und zugleich zur Entgiftung bei Schmerzmittelmißbrauch in einem sogenannten Schmerztrunk zusammen mit Analgetika Verwendung finden (Fordyce und Steger, 1982; Bowdler, Berg-Seiter, Kossmann, 1984). In Abhängigkeit von den vorher mißbräuchlich verwendeten Schmerzmitteln wird zu regelmäßigen Tageszeiten – also unabhängig davon, ob der Patient gerade Schmerzen erlebt und nach Schmerzmitteln verlangt – dem Patienten ein Trunk gegeben, in welchem sich ein in der Regel peripher wirkendes Analgetikum, ein Antidepressivum und ein Geschmacksstoff zusammen mit Wasser befinden. Beispielsweise kann man eine Mischung aus Imipramin-Sirup, Paracetamol-Saft und einem Orangensaft verwenden. Während das Gesamtvolumen des Schmerztrunkes immer gleich bleibt, wird im Laufe der Zeit die Menge und evtl. auch die Art des Analgetikums geändert. Auch das Antidepressivum kann allmählich reduziert werden, ohne daß der Patient diese Veränderungen registriert. Diese Behandlungsmethode ist dann angezeigt, wenn der Patient aus Angst vor irgendwelchen Entzugserscheinungen sich immer noch gegen eine Entgiftung und anschließende psychiatrische Entwöhnung sträubt, andererseits aber bereit ist, sich einer gezielten Schmerzbehandlung zu unterziehen. Die Methode ist auch für ambulante Patienten geeignet.

Zur Durchbrechung von muskulären Verspannungszuständen bei funktionellen Störungen des Bewegungsapparates ist vorübergehend auch die Gabe eines auf die polysynaptischen Reflexe wirkenden chlormezanonhaltigen Präparates oder eines Tranquilizers wie Diazepam angezeigt (Cave: bei längerem Gebrauch Gefahr der Abhängigkeit).

Der Einsatz von Beta-Rezeptoren-Blockern bei Migräne wird später beschrieben.

8. Die Einbettung der medikamentösen Schmerzbehandlung in die allgemeine ärztliche Kunst des Begleitens und der psychischen Führung von chronischen Schmerzkranken – eine unabdingbare Voraussetzung der Therapie.

Die auf der Kenntnis der Psychophysiologie des Schmerzes und des Schmerzerlebens sowie der Pharmakologie beruhenden, bisher gegebenen Handlungsanweisungen sind für sich allein genommen noch nicht ausreichend zu einer wirksamen Schmerztherapie bzw. Schmerzprophylaxe.

Der Arzt muß weiterhin folgende Sachverhalte kennen und berücksichtigen:

- Die komplexe somato-psycho-soziale Genese chronischer Schmerzzustände.
- Chronische Schmerzzustände führen in der Regel zu einem veränderten psychischen Erleben, wie in den anderen Aufsätzen dieses Bandes dargestellt wurde. Dieses psychische Erleben ist zu berücksichtigen.

- Chronische Schmerzzustände bewirken oft Passivität und Hilflosigkeit und dadurch eine Verstärkung des Schmerzerlebens.
- Chronische Schmerzzustände werden oft durch falsche Reaktionen der Umwelt aufrechterhalten und verstärkt (Zuwendung nicht für aktives, den Schmerz bewältigendes Verhalten, sondern Zuwendung nur dann, wenn der Patient Schmerz erlebt).

Zusätzlich muß der Arzt jedoch auch berücksichtigen, daß es neben den Gemeinsamkeiten von chronischen Schmerzpatienten je nach der Grunderkrankung ganz sicher auch individuelle Unterschiede gibt. In unserem Aufsatz über Möglichkeiten und Grenzen der psychiatrischen und psychotherapeutischen Verfahren der Schmerzbekämpfung wurde auf diese unterschiedliche psychische Verfassung hingewiesen. So lassen sich schon Unterschiede bei Kopfschmerzpatienten herausarbeiten: Patienten mit Spannungskopfschmerz haben eine andere psychische Konstellation als Patienten mit Migränekopfschmerz und müssen dementsprechend auch anders behandelt werden. Tumorpatienten, die sich mit dem Ende ihres Lebens konfrontiert sehen, haben wieder eine ganz andere psychische Verfassung.

Die psychische Führung von Patienten mit chronischem Schmerz und hier insbesondere mit Tumorschmerz läßt sich am besten mit dem Begriff des Begleitens erläutern. In Anlehnung an Sporken (1984), Professor für medizinische Ethik, bedeutet Begleiten: Dem hilfsbedürftigen Menschen im Helfen so nahe bleiben und ihn so unterstützen, daß er imstande ist, möglichst weitgehend sein eigenes Leben zu leben.

Begleitung umfaßt also alle Versuche, dem anderen als Mensch nahe zu sein und dessen eigene Möglichkeiten zu erkennen. Begleiten bedeutet jedoch nicht, die Probleme sich stellvertretend für den anderen aufladen zu lassen und sie für den anderen zu lösen, sondern ihn so zu unterstützen, „daß er sein eigenes Leben zu leben und seinen eigenen Tod zu sterben vermag". Als Begleiter bleibe ich dem anderen ein Stück auf seinem Lebensweg nahe, damit er imstande ist, seinen eigenen Weg nach dem von ihm bestimmten Ziel selbst zu gehen. Wenn der Arzt einen *körperlich* **Kranken** betreut, bildet nach Sporken die **Begleitung die Vollendung der dargebotenen Hilfeleistung.** Bei der Betreuung *psychisch* **Kranker** liegt der **Hauptakzent oft gerade auf der Begleitung.** Chronisch schmerzkranke Patienten müssen wir als körperlich **und** psychisch krank ansehen, sie bedürfen deshalb der ärztlichen **Hilfe** durch spezifische Maßnahmen zur Behandlung des Grundleidens, durch physikalische Verfahren, durch spezielle anästhesiologische oder neurochirurgische Methoden oder durch Gabe von Schmerzmitteln und Psychopharmaka und sie bedürfen der ärztlichen **Begleitung.**

II. Einige Behandlungsschemata für chronische Schmerzzustände bei verschiedenen Grundleiden.

1. Medikamentöse Therapie von Schmerzen bei funktionellen Störungen des Bewegungssystems.

Die medizinische Zuordnung von Funktionsstörungen des Bewegungssystems zu bestimmten medizinischen Spezialgebieten, die sich vorwiegend mit pathomorphologisch definierten Krankheitszuständen befassen, ist häufig nur schwer möglich, denn oft greifen verschiedene Funktionskreise und Patho-Mechanismen in einem komplizierten System ineinander (siehe auch Sammelband von Berger, Gerstenbrand und Lewit, 1984). Besonders häufige Schmerzformen des Bewegungssystems sind der Kreuzschmerz (siehe Sammelband von Wörz und Gross, 1978) und das Nacken-Schulter-Arm-Syndrom (siehe Sammelband von Kocher, Gross und Kaeser, 1980). Auch die rheumatischen Schmerzen zählen hierzu (Lemmel, 1984).

Die medikamentöse Behandlung chronischer, rheumatischer Schmerzen z. B. beim chronischen entzündlichen Rheumatismus muß nach Lemmel (1984) höchst individuell erfolgen und richtet sich nach dem Stadium der Erkrankung. Zunächst sollten Salicylate zur Anwendung kommen, später dann auch andere nichtsteroidale Antiphlogistika, schließlich die sog. Langzeittherapeutika mit langsamem Wirkungseintritt, unterschiedlichem Angriffspunkt und z. T. erheblichen Nebenwirkungen. Zuletzt kommen auch Immunsuppression bzw. Immunstimulation in Frage.

Grundsätzlich zielt die medikamentöse Therapie bei Schmerzen im Bewegungssystem auf folgende Symptome:

- funktionelle Störungen von Gelenken, Muskeln und Sehnen, die oft einhergehen mit Reizerscheinungen und entzündlichen Veränderungen;
- Funktionsstörungen der Muskulatur durch erhöhte Muskelspannung, Spasmen, Myotendinosen und Insertionstendinosen;
- spezielle Schmerzen im Bewegungssystem, die zu einer Schonhaltung führen und dadurch zu weiteren Störungen und Schmerzen;
- lokale Senkung der Schmerzschwelle in einem hyperalgetischen Haut- und Bindegewebsbereich;

- bei Schmerzsyndromen und Funktionsstörungen des Bewegungssystems finden sich in der Haut, in der Unterhaut, im Bindegewebe und in der Muskulatur vegetative Störungen, die lokal und systemisch eine Änderung des Stoffwechels, der Durchblutung und der Schweißsekretion herbeiführen; diese vegetativen Störungen müssen behandelt werden;
- der Wirkkreis von Psyche, Schmerzreiz, Schmerzverarbeitung, Schmerzempfindung führt bei chronischen Schmerzen zu ängstlich-depressiver Stimmungslage, damit verbunden zu körperlicher Verkrampfung und Verspannung.

Die medikamentösen Möglichkeiten sind vielfältig. Sie richten sich nach der Akutheit oder Chronizität des Schmerzsyndroms. In Frage kommen lokale Behandlungsformen, Gabe von Analgetika, Antirheumatika, Muskelrelaxantien, Psychopharmaka sowie Beta-Rezeptoren-Blockern.

2. Schmerzmittel bei neuropsychiatrischen Erkrankungen.

Hier soll exemplarisch nur die medikamentöse Behandlung der wichtigsten Kopfschmerzen besprochen werden. Vorab ist darauf hinzuweisen, daß bei chronischen Kopfschmerzen, insbesondere bei dem sog. „Spannungskopfschmerz", die lang anhaltende häufige Einnahme von Analgetika paradoxerweise zur Aufrechterhaltung und Intensitätssteigerung des Kopfschmerzes führt und den Effekt einer erfolgreichen medikamentösen Schmerzbehandlung verhindert. Die Ursache für dieses Phänomen ist nicht ganz geklärt. Die analgetikabedingte Hemmung zentraler serotonerger Bahnen, welche für die Verarbeitung des dumpfen, chronischen Kopfschmerzes verantwortlich sind, wird diskutiert.

Chronische Kopfschmerzen werden, wie Peters (1983) in seinem Buch „Die erfolgreiche Therapie des chronischen Kopfschmerzes" dargestellt hat, nicht durch Schmerzmittel behandelt, sondern sie sind nur im Rahmen eine systematischen Therapieprogrammes, an dessen Anfang eine Entgiftung von Schmerzmitteln steht, therapeutisch angehbar. Zu diesem Therapieprogramm gehören die vorübergehende Gabe von Antidepressiva ebenso wie psychotherapeutische Einzelgespräche und Gruppengespräche, Entspannungsverfahren, verschiedene Formen der physikalischen Therapie wie Krankengymnastik und Massage, verhaltenstherapeutisches Training-, Transcutane Nervenstimulation und evtl. auch Akupunktur.

Die häufigsten Ursachen chronischer Kopfschmerzen sind: Migräne, Bing-Horton-Kopfschmerz (Erythroprosopalgie), Trigeminusneuralgie und Spannungskopfschmerz oder vasomotorischer Kopfschmerz bzw. Cephalea.

Die medikamentöse Behandlung der Migräne zielt bei seltenen Migräneattacken primär auf die Coupierung des akuten Anfalls, bei häufigen Attacken auf die Prophylaxe. Die Migränetherapie gründet mittlerweise sehr wohl auf patho-physiologischen Überlegungen zum Migräneanfall. So sollen Acetylsalicylsäure und Dipyramidol die Thrombozytenaggregation und die Serotoninfreisetzung und damit verbunden die Vasokonstriktion der Arteriolen und die kapilläre Erhöhung der Permeabilität hemmen. Damit wird vermieden, daß Serotonin in das umgebende Hirngewebe eindringt und hier aus Mastzellen Histamin, Neurokinine und Prostaglandin freisetzt, welche ihrerseits zu einer Vasodilatation im Versorgungsbereich der Arteria carotis externa und damit zu einer Erniedrigung der Schmerzschwelle und letztlich zum Migräneanfall führen würde. Dementsprechend ist Acetylsalicylsäure sehr gut zur Migränebehandlung geeignet. Die Vasodilatation kann weiterhin durch Ergotamin und Coffein gehemmt werden. Der Zusatz von Coffein zur oralen Applikationsform dient außerdem noch der Steigerung der im Migräneanfall ansonsten verminderten enteralen Resorption von Ergotamin und Dihydroergotamin. Während des Anfalls sollte primär Ergotamintartrat oral gegeben werden, da dies noch besser resorbiert wird als Dihydroergotamin. Neuerdings steht Ergotamin auch als Inhalationspräparat zur Verfügung, wodurch die Resorptionszeit wesentlich verkürzt wird. Die Migränepatienten kennen in der Regel ihre für die Anfallscoupierung geeignete Kombination. Die Kombinationspräparate enthalten im allgemeinen neben Ergotaminderivaten ein Analgetikum, ein Hypnotikum, Coffein und oft Codein. Neuerdings werden zur Anfallscoupierung auch Kombinationen eines peripher wirkenden Analgetikums mit einem Antiemetikum angeboten.

Falls eine orale Behandlung nicht ausreicht, kommt eine Injektionsbehandlung mit Ergotamintartrat, Dihydroergotamin und gegebenenfalls bei unerträglichen Kopfschmerzen auch mit Dimenhydrinat und Metamizol sowie die Gabe von Acetylsäure, die an Lysin gebunden ist, in Frage.

Eine Behandlung im Migräneintervall mit den gängigen Serotonin-Antagonisten wie Pizitofen oder Methysergid ist nur in den seltensten Fällen nötig, wenn die allgemeinen psychiatrisch-psychotherapeutischen Grundsätze, wie sie Peters (1973) dargestellt hat, berücksichtigt werden. Zunächst empfiehlt sich die Gabe von Beta-Blokkern wie Propranolol, evtl. auch die Gabe von Calcium-Antagonisten wie Nifedipin und Verapamil, und von Substanzen, die primär hirnstoffwechselaktiv bzw. durchblutungsfördernd wirken wie Cyclandelat, Bencyclan und ein Ginko-Extrakt, gegebenenfalls auch die Gabe von Dihydroergotamin in niedriger Dosierung, wobei zu bedenken ist, daß Dihydroergotamin, wenn auch geringer als Ergotamintartrat, einen sog. Ergotismus mit Gefäßspasmen hervorrufen kann. Erstes Symptom derartiger Spasmen sind distale, brennende Schmerzen. Letztlich ist auch die niedrig dosierte Gabe von Clonidin in Erwägung zu ziehen, es bremst ebenso wie die Beta-Blocker die Gefäßreagibilität.

Die Bing-Horton-Neuralgie (bzw. Erythroprosopalgie oder Cluster-Kopfschmerz) ist keine Neuralgie, sondern ein naher Verwandter der Migräne. Sie ist gekennzeichnet durch heftigste halbseitige, meist in der periobitalen Region gelegene Schmerzen, die sehr rasch anschwellen und 15 Minuten bis mehrere Stunden andauern. Sie sind verbunden mit heftigen vegetativen Begleitsymptomen wie geröteten Konjunktiven, Tränenfluß usw. Die Schmerzen treten meist nachts auf. Auch hier werden Serotonin-Antagonisten, Beta-Blocker, Ergotamin-Präparate und Lithium-Salze, die manchmal verblüffende Erfolge zeigen, empfohlen.

Die Trigeminus-Neuralgie wird in erster Linie behandelt durch Membranstabilisatoren wie Carbamazepin, Phenytoin oder Clonazepam und zusätzlich durch die Gabe eines Antidepressivums, wobei sich nach eigenen Erfahrungen Mianserin und Maprotilin, letzteres oft kombiniert mit Clomipramin besonders bewährt haben.

Nach unseren Erfahrungen sind 20 bis 30 % der unter der Diagnose Trigeminusneuralgie laufenden Fälle keine idiopatische Trigeminusneuralgien, sondern symptomatische Fälle, die vor Einleitung der Therapie erst einer weiteren diagnostischen Abklärung, gegebenenfalls unter Hinzuziehung von HNO- und Augenarzt sowie Kieferorthopäden bzw. Kieferchirurgen, bedürfen. Wiederholt haben wir durch Traumata entstandene Neurinome in Schläfen- und Stirnbereich als Ursache der sogenannten Trigeminusschmerzen ausmachen können und dementsprechend erfolgreich mit transcutaner Nervenstimulation behandeln können.

Die Zoster-Neuralgie ist gut durch die Kombination eines Neurolepikums mit einem Antidepressivum und die zusätzliche Gabe eines Antiparkinsonmittels medikamentös angehbar.

3. Schmerzmittel bei Tumorerkrankungen.

Die ärztliche Begleitung und Behandlung von Tumorpatienten mit Schmerzen stellt eine erhebliche ärztliche Herausforderung dar. Etwa 60 bis 80 % der Patienten in fortgeschrittenen Tumorstadien leiden unter behandlungsbedürftigen Schmerzen. Die Grundzüge der Schmerzbehandlung, wie sie im ersten Teil dieses Beitrages dargelegt wurden, gelten gerade bei der Behandlung von Tumorschmerzen in besonderem Maße. Ziel der Schmerzbehandlung ist eine dauerhafte Schmerzlinderung oder Schmerzfreiheit. Dementsprechend muß die Schmerztherapie individuell erfolgen unter Berücksichtigung der somatischen Situation des Patienten und seiner psychischen Verfassung. Zunächst ist die Krebslokalisation und die Ausbreitung des Krebses zu klären, hierdurch können wichtige Ursachen des Krebsschmerzes festgestellt werden.

Folgende Schmerzursachen finden wir bei Krebspatienten:

- Schmerzen als direkte Tumorfolge, z. B. Infiltration von Knochen, Kompression von Nerven oder Obstruktion von Hohlorganen.
- Schmerzen als Folge der Tumortherapie, z. B. nach chirurgischen Eingriffen, bei Phantomschmerz oder bei Mastektomie, nach Bestrahlung und nach Chemotherapie.
- Schmerzen als indirekte Tumorfolge, z. B. durch Infektion oder durch Stoffwechselentgleisung.
- Schmerzen ohne Bezug zum Krebs.

Vordringlich sollte eine Schmerzbehandlung durch Entfernung oder Reduzierung des Tumors angestrebt werden, gegebenenfalls käme als nächster Schritt eine palliative Therapie durch Strahlentherapie oder entlastende Operationen in Frage. Die medikamentöse Behandlung beginnt zunächst mit peripher wirkenden Analgetika, evtl. begleitet von speziellen anaesthesiologischen und neurochirurgischen Maßnahmen, wie bereits geschildert; dann erfolgt die Gabe von peripher und zentral wirkenden Analgetika, evtl. kombiniert mit Psychopharmaka, und zuletzt in einer vierten Stufe orale, evtl. auch peridurale Gabe von Opiaten (Senn und Glaus, 1982, Tigges 1984, Zenz, 1984).

III. Zum Problem des Mißbrauchs und der Entwicklung einer Abhängigkeit von Schmerzmitteln.

Dem Arzt kommt beim Einsatz der Schmerzmittel eine wichtige Doppelfunktion zu. Einerseits soll er dort, wo es angebracht ist, die heilsame Wirkung des Schmerzmittels voll zur Wirkung bringen und nicht durch zögerliches, unsicheres Verordnen von Schmerzmitteln

Schmerzzustände chronifizieren, andererseits soll er einem Mißbrauch oder einer Abhängigkeit von Schmerzmitteln entgegenwirken. Wenn er die in den ersten beiden Teilen dieses Beitrages genannten Grundsätze der medikamentösen Schmerztherapie berücksichtigt, so ist die Gefahr, einer Mißbrauchsentwicklung Vorschub zu leisten, relativ gering.

Neben der Vermeidung der Entstehung von Medikamentenmißbrauch und Medikamentenabhängigkeit hat jeder Arzt die zusätzliche Aufgabe, solche Patienten, die einen Schmerzmittelmißbrauch bereits betreiben oder abhängig von Schmerzmitteln sind, zu erkennen und diese einer geeigneten Behandlung zuzuführen. Hierzu ist es zunächst einmal wichtig zu wissen, auf welche Art und Weise und warum zentral wirksame Analgetika als Drogenersatzmittel zunehmend mehr Verwendung finden. Der Arzt muß beachten, daß bei Patienten, die mißbräuchlich Schmerzmittel verwenden oder medikamentenabhängig sind, nur in äußersten Notfällen ein zentral wirkendes Analgetikum verschrieben werden darf.

Keup (1984) hat anläßlich der Unterstellung von Pentazocin und Buprenorphin unter die Betäubungsmittel-Verschreibungs-Verordnung nochmals auf die mißbräuchliche Verwendung von zentral wirksamen Analgetika als Drogen-Ersatzmittel hingewiesen. Folgende Gründe haben in der Drogenszene zur Suche nach Heroinersatzsubstanzen geführt:

- Um den Schwierigkeiten der Opiat-Beschaffung bei zunehmender Dosissteigerung im Zusammenhang mit Toleranzentwicklung zu entgehen, werden zur Senkung der Dosis und zur Beseitigung von Entzugssymptomen Ersatzstoffe eingesetzt.
- Viele Drogenabhängige probieren, ähnlich wie Alkoholiker, selbst – ohne fremde Hilfe – trocken zu werden und versuchen dann, die Abstinenzerscheinungen durch Ersatzstoffe zu beseitigen.
- Wenn sich Heroinabhängige zur körperlichen Entgiftung entschlossen haben, versuchen sie, zur Vermeidung der gefürchteten, oft aber gar nicht so schlimmen Entzugssymptome vor der stationären Aufnahme sich durch die Einnahme von Ersatzmitteln herunter zu dosieren. Sie erwarten hierzu auch die Hilfe des Hausarztes durch Verschreibung von stark wirksamen Schmerzmitteln.
- Nach Keup spielen Bewährungsauflagen auch ein starkes Motiv dafür, anstelle von illegalen Drogen legale Medikamente einzunehmen.
- Bei körperlicher Erkrankung mit Bettlägerigkeit kann der Süchtige sich kein Heroin besorgen. Er braucht deshalb einen Ersatzstoff.

- Versorgungslücken oder Geldmangel beim Süchtigen können zu einem Stoffmangel führen.

Wohl durch unachtsame Verschreibung von starken, zentral wirksamen Analgetika wie Pentazocin und Buprenorphin kam es zu einer regional besonders auffälligen, jedoch bundesweit ansonsten auch gehäuften mißbräuchlichen Verwendung dieser Stoffe. Dies führte dann zur Unterstellung dieser beiden Stoffe unter die Betäubungsmittel-Verschreibungs-Verordnung. Es ist anzunehmen, daß die Drogensüchtigen nun auf andere Ersatzstoffe ausweichen werden, die wir bereits in unserer Übersichtstabelle weiter vorn unter I.5. genannt haben.

Drogensüchtige Patienten, die Ersatzstoffe verschrieben haben wollen, sind durch eine Reihe von Merkmalen auffällig. Sie gehören eher zur Gruppe der „flüchtigen" Patienten, die häufig den Arzt wechseln. Sie versuchen, eine ausführliche körperliche Untersuchung zu vermeiden und drängen stattdessen auf rasche Verordnung von Schmerzmitteln unter Angabe von multiplen körperlichen Schmerzzuständen wie Kopfschmerzen, Schlaflosigkeit und Nervosität. Häufig versuchen derartige Patienten, dem Arzt „unters Hemd zu kriechen", indem sie sich sehr geschickt anpassen und versuchen, sich auf den Arzt einzustellen. Bei Verweigerung der von ihnen gewünschten Hilfe reagieren sie jedoch oft verstimmt, gekränkt und gereizt, manchmal wirken sie auch gleichgültig, passiv, dann wieder heiter und freundlich, grundlos optimistisch, wechselnd mit Pessimismus. In der Regel, wenn sie nicht gerade etwas „gedrückt" (= gespritzt) haben, wirken sie nervös, gespannt und unruhig. Bei der körperlichen Untersuchung finden wir Einstichstellen, zu enge Pupillen, eingefallenes Gesicht, Appetitlosigkeit, laufende Nase, schadhaftes Gebiß, Geschlechtskrankheiten. Hinzu kommen die Störungen auf psychosozialer Ebene wie Kontaktverlust, Abnahme der sozialen Anpassung, Abgleiten in Kriminalität usw. Hat der Arzt die Verdachtsdiagnose einer Drogenabhängigkeit gestellt, so sollte er dafür Sorge tragen, daß in der Arztpraxis nicht die Gelegenheit zum Diebstahl von Medikamenten, Spritzen oder Rezeptformularen gegeben ist. Der Arzt sollte eine Urinkontrolle auf Suchtstoffe durchführen, wobei darauf geachtet werden muß, daß der Patient in Gegenwart einer Helferin Wasser läßt, damit die Harnprobe nicht gefälscht werden kann.

Auch wenn ein Drogensüchtiger seine Abhängigkeit nicht mehr verschleiert, sondern offen eingesteht und mit einem geschickten Spiel mit offenen Karten nun versucht, den Arzt zu einer ambulanten Entziehungsbehandlung mit Ersatzmitteln zu drängen, darf der Arzt auf keinen Fall diesem Wunsch nachkommen. Die Bindung an das Suchtmittel ist nämlich so groß, daß der Drogensüchtige auch den Ersatzstoff primär als Suchtmittel ansieht und nicht als Weg aus der Sucht heraus. Der Arzt würde, wenn er Ersatzstoffe verschreiben würde, die Sucht nur chronifizieren. Aber auch eine ambulante Entgiftungsbehandlung von Drogenabhängigen mit Psychopharmaka, die nicht abhängig machen, z. B. Antidepressiva, ist wenig erfolgversprechend. Der Süchtige wird mit einer solchen Entgiftungsbehandlung nur versuchen, einen vorübergehenden Engpaß auf dem Markt zu überbrücken. Einer der beiden Verfasser hat selbst in zwei Fällen bei zunächst äußerst günstiger Motivationslage feststellen müssen, daß eine ambulante Entgiftungsbehandlung mit einem Antidepressivum keinen Erfolg hatte. Die Entgiftung in dem geschützten, stationären Rahmen mit sich daran anschließender langfristiger Entwöhnungsbehandlung in speziellen Einrichtungen ist das Mittel der Wahl. In einem solchen stationären Rahmen ist die Entgiftung dann unproblematisch. Man gibt in den ersten Tagen je nach Bedarf bis zu 150 mg Doxepin täglich, verteilt auf sechs Einzeldosen. Das wirksame Element der stationären Entgiftungsbehandlung ist jedoch nicht die medikamentöse Entgiftung, sondern der sichere stationäre Rahmen.

IV. Der fachgerechte Umgang mit stark wirksamen Analgetika, die der Betäubungsmittelverordnung unterstellt worden sind.

Chronisch schmerzkranken Patienten, denen nur noch durch stark wirksame Analgetika geholfen werden kann, sollte man diese Medikamente nicht vorenthalten. Der Arzt sollte sich nicht durch den etwas erhöhten Verwaltungsaufwand bei der Verschreibung von Betäubungsmitteln vor der Anwendung derartiger Schmerzmittel abschrecken lassen. Die Verordnung von Betäubungsmitteln ist von Junge auf den rosa Seiten im vorderen Teil der Roten Liste ausführlich dargestellt. Auch die Firma Boehringer Mannheim gibt praktische Hinweise in einer kleinen Broschüre.

Folgende Schritte sind zu befolgen:

- Anforderung der BtM-Rezepte (dreiteilige Formblätter) mit BtM-Nummer beim Bundesgesundheitsamt in Berlin, Postfach 33 013, 1000 Berlin 33. Bei der ersten Anforderung ist die Berufsberechtigung durch die Einreichung einer amtlich beglaubigten Approbationsurkunde nachzuweisen,

- Anforderung von Karteikarten bzw. Betäubungsmittelbüchern zum Nachweis des Verbleibs und des Bestandes von Betäubungsmitteln bei der Bundesanzeigen-Verlagsgesellschaft mbH, Postfach 108 006, 5000 Köln 1,
- die BtM-Rezepte und -Karteikarten sind diebstahlsicher unter Verschluß aufzubewahren,
- die Aufbewahrungsdauer von Teil III des BtM-Rezeptes nach Auslieferung beträgt drei Jahre,
- die Aufbewahrungsdauer fehlerhaft ausgestellter Rezepte beträgt ebenfalls drei Jahre,
- die Aufbewahrungsdauer der Karteikarten nach letzter Eintragung beträgt ebenfalls drei Jahre.
- Teil I und Teil II sind zur Vorlage beim Apotheker bestimmt. Teil I wird vom Apothekenleiter drei Jahre aufbewahrt. Teil II ist zur Verrechnung bei der Krankenkasse vorgesehen.

Auf dem BtM-Rezept sind anzugeben:

- Name, Vorname, Geburtsdatum und Anschrift des Patienten, für den das Betäubungsmittel bestimmt ist.
- Ausstellungsdatum.
- Verordnete Zubereitung.
- Bei einem Fertigarzneimittel Bezeichnung, Darreichungsform und Gewichtsmenge des enthaltenen Betäubungsmittels je Packungseinheit (bei Injektions- und Tropfflaschen) bzw. je abgeteilte Form (bei Ampullen, Zäpfchen und Tabletten) und die Stückzahl. Die Gewichtsmenge in Gramm oder Milligramm, die Stückzahl in arabischen Ziffern und in Worten wiederholt.
- Gebrauchsanweisung mit Einzel- oder Tagesangabe.
- Name des verschreibenden Arztes, seine Berufsbezeichnung und Anschrift einschließlich Telefonnummer.
- Ungekürzte Unterschrift des verschreibenden Arztes.
- Die Angaben sind **handschriftlich** mit Tintenschrift oder Kugelschreiber zu vermerken und auf allen Teilen des BtM-Rezeptes übereinstimmend anzubringen.
- Die Anschrift des Patienten und des Arztes kann maschinell auch durch die Sprechstundenhilfe erfolgen.

Literatur

1. Berger, N., F. Gerstenbrand, K. Lewit (Hrsg.):
   Schmerz und Bewegungssystem.
   Schmerzstudien Nr. 6., Gustav Fischer-Verlag, Stuttgart, 1984

2. Bowdler, I., S. Berg-Seiter, B. Kossmann:
   Die medikamentöse Behandlung chronischer Schmerzen.
   In: B. Kossmann, V. Hempel (Hrsg.):
   Schmerzambulanz. perimed Fachbuch-Verlagsgesellschaft, Erlangen, 1984

3. Fordyce, W. E. und J. C. Steger:
   Chronischer Schmerz.
   In: W. Keeser, E. Poppel, P. Mitterhusen (Hrsg.):
   Schmerz: Fortschritte der klinischen Psychologie, Band 27, Urban & Schwarzenberg, München, 1982

4. Junge, W. K.:
   Verordnung von Betäubungsmitteln.
   In: Bundesverband der Pharmazeutischen Industrie e. V. 6000 Frankfurt am Main (Hrsg.): Rote Liste 1985. Editio Cantor, Aulendorf-Württ., 1985

5. Jurna, I.:
   Pharmakologische Grundlagen der Schmerztherapie.
   Dtsch. Ärztbl. 81 (1984) 1441–1447

6. Keup. W.:
   Zentral wirksame Analgetika:
   Mißbrauch als Drogenersatzmittel.
   Dtsch. Ärztbl. 81 (1984) 2561–2566

7. Kocher R., D. Gross, H. E. Kaeser (Hrsg.):
   Nacken-Schulter-Arm-Syndrom.
   Gustav Fischer-Verlag, Stuttgart, 1980

8. Lemmel, E. M.:
   Besonderheiten bei der Behandlung rheumatischer Schmerzen.
   Therapiewoche 34 (1984) 3697–3700 (Heft 24, Seite 17–21)

9. Payk, Th. R.:
   Möglichkeiten der psychiatrischen Schmerzbehandlung.
   Med. Klin. 78 (1983) 331–333

10. Plattig, K. H., R. Kocher:
Psychopharmaka bei Schmerzzuständen
In: G. Langer und H. Heimann (Hrsg.):
Psychopharmaka – Grundlagen und Therapie.
Springer-Verlag, Berlin-Heidelberg-New York, 1983

11. Schimrigk, K.:
Schmerzmittel in der Neurologie.
Therapiewoche 34 (1984) 3701-3707 (Heft 24, S. 22–27)

12. Schmitt, H. J.:
Schmerzbehandlung mit Opiaten über Periduralkatheter
In: B, Kossmann, V. Hempel (Hrsg.):
Schmerzambulanz. perimed Fachbuch-Verlagsgesellschaft, Erlangen, 1984

13. Senn, H. J., A. Claus:
Schmerzen des Tumorkranken.
Therapiewoche 31 (1982) 5537–5549

14. Sporken, P.:
Begleitung in schwierigen Lebenssituationen.
Herder-Verlag, Freiburg, 1984

15. Tigges, F.-J.:
Schmerzmittel bei Tumorerkrankungen.
Therapiewoche 34 (1984), 3708–3712 (Heft 24, S. 28–32)

16. Wörz, R., D. Gross (Hrsg.):
Kreuzschmerz.
Schmerzstudien Band I. Gustav Fischer-Verlag, Stuttgart, 1978

17. Zenz, M.:
Therapiemöglichkeiten bei Krebsschmerzen.
Münch. Med. Wschr. 126 (1984), 929–933

18. Zimmermmann, M.:
Neurophysiologische Aspekte des chronischen Schmerzes.
Vortrag anläßlich des 6. Podiumsgespräches „Der chronische Schmerz“ am 19.11.1983 im Schwetzinger Schloß, Schwetzingen

19. Zimmermann, M.:
Physiologie und Noziception und Schmerz.
In: M. Zimmermann und H. O. Handwerker (Hrsg.)
Schmerz – Konzepte und ärztliches Handeln.
Springer-Verlag, Berlin-Heidelberg–New York, 1984

Psychische Aspekte des Schmerzes*

W. Tolksdorf

Akuter und chronischer Schmerz

Bereits die weithin anerkannte Definition von Schmerz als einem unangenehmen Sinnes- und Gefühlserlebnis, das mit aktueller oder potentieller Gewebsschädigung verknüpft ist oder mit Begriffen einer solchen Schädigung beschrieben wird, macht deutlich, daß eine alleinige somatische Betrachtungsweise der Komplexität dieses Phänomens nicht gerecht wird. Die bereits beschriebenen physiologischen Mechanismen, insbesondere die enge Verbindung schmerzleitender, zentralnervöser Strukturen zum limibischen System legen schmerzimmanente, psychische, insbesondere emotionelle Begleitreaktionen nahe.

Bei akuten Schmerzzuständen dominiert die Emotion Angst, chronischer Schmerz wird eher assoziiert mit depressiver Verstimmung.

Für jeden von uns ist die emotionale Komponente akuter Schmerzen nachvollziehbar, da wohl jeder von uns bereits Schmerzen hatte, die in diese Kategorie einzuordnen sind. Ein gutes Beispiel ist der Zahnschmerz: Eine Empfindung im Oberkiefer, die zwar nicht schmerzhaft ist, aber anders als sonst, verursacht ein gewisses Unwohlsein. Überschreitet diese Sensation die Schmerzschwelle und es wird ein leichter Schmerz empfunden, so begleitet diesen Schmerz etwas Angst: „Ist es wieder dieser Zahn, der mir bereits vor einem Jahr Probleme machte? Na ja, der Schmerz ist noch auszuhalten, ich lasse mir vom Zahnarzt einen Termin geben." Nimmt die Schmerzintensität zu, so wird die Angst größer: „Vielleicht ist es nicht nur der Zahn, vielleicht ist der ganze Kiefer erkrankt?" Hat der Zahnarzt einen Termin frei, so wird sich der Patient sofort in Behandlung begeben, um sein Schmerzproblem zu lösen. Hat der Zahnarzt keine Termine frei, so wird er zu diesem Zeitpunkt immer stärkere Angst empfinden, vor allem dann, wenn auch die Schmerzintensität zunimmt und befürchtet wird, daß unabhängig von der Ursache der Schmerz nicht mehr kontrolliert werden könnte.

* Vortrag anläßlich des klinischen Wochenendes „Der Schmerz und seine Behandlung" am 27. April 1985 im Haus der Ärzte in Saarbrücken

Der akute Schmerz zeigt eine Schädigung an. Die Meinung, er sei ein Warner, muß gewiß revidiert werden, denn um als Warnsignal zu dienen, kommt er fast immer zu spät. Er kann eher als ein Signal angesehen werden, daß im betroffenen Individuum Genesungsverhalten in Gang setzt und damit die Rekonvaleszenz einleitet. Das Ziel ist die Heilung.

Das betroffene Individuum macht sich in der Regel weniger Gedanken um diese als vielmehr um eine andere Bedeutung des Schmerzes, zumindest in unserem Kulturkreis: Schmerz wird bei uns häufig assoziiert mit Bestrafung. Während in den letzten Jahren der Schwerpunkt der Kindererziehung auf einer Verstärkung erwünschten Verhaltens durch Belohnung gelegt wurde, wurde in früheren Zeiten und zum Teil auch heute noch erzogen mittels Elimination unerwünschten Verhaltens durch Bestrafung, wobei sich die schmerzhafte Prügelstrafe besonderer Beliebtheit erfreute.

Chronische Schmerzzustände, wie beispielsweise die Trigeminusneuralgie, Thalamusschmerzen, die Kausalgie und andere mehr, zeigen zwar eine Schädigung an, setzen natürlich auch Genesungsverhalten in Gang, leiten jedoch häufig die Rekonvaleszenz einfach deshalb nicht ein, weil eine kausale Therapie nicht möglich ist. Der Schmerz ist erklärbar, er kann dem Patienten verständlich gemacht werden, und in der Regel versteht er auch die Ursache, häufig jedoch wird eine Heilung nicht erreicht.

Dem Schmerz wird immer noch die Bedeutung einer Strafe gegeben, doch der Patient weiß nicht, wofür er bestraft wird. Um beim Beispiel des Zahnschmerzes, des akuten Schmerzes, zu bleiben, wird sich das Individuum sagen: „Es ist kein Wunder, daß ich jetzt wieder Schmerzen an diesem Zahn habe, denn ich habe mich immer wieder um einen Besuch beim Zahnarzt gedrückt. Die Tatsache, daß mein Zahn jetzt wehtut, ist darauf zurückzuführen, daß ich zu feige war, zum Zahnarzt zu gehen."

Ein Patient mit einer Trigeminusneuralgie hat es schwer seinem Schmerz eine Bedeutung zu geben. Chronische Schmerzzustände setzen initial ebenso wie akute Schmerzzustände ein Genesungsverhalten in Gang, insbesondere den Gang zum Arzt, der weitere Verlauf der Ereignisse gestaltet sich jedoch gänzlich unterschiedlich. Das Individuum mit Zahnschmerzen geht zum Zahnarzt, der eine nicht konservativ therapierbare Erkrankung des Zahnes diagnostiziert. Der Zahnarzt entfernt den Zahn, der Patient ist schmerzfrei. Die Möglichkeiten des Zahnersatzes sind fast unerschöpflich.

Ganz anders gestaltet sich das Genesungsverhalten des chronisch Schmerzkranken.

Der chronisch Schmerzkranke und sein Verhältnis zu den Ärzten: Am Beginn steht der Besuch des Hausarztes, der irgendwann mit der Therapie nicht mehr weiterkommt. Er schickt den Patienten zum Spezialisten, der ebenfalls irgendwann am Ende seiner Möglichkeiten ist. Dieser veranlaßt die Einweisung ins Krankenhaus. Dort werden über Tage, Wochen, evtl. Monate ausgedehnte diagnostische Maßnahmen durchgeführt. Am Ende der stationären Diagnostik wird festgestellt, daß die zugrundeliegende Krankheit nicht ursächlich therapiert werden kann. Schmerzen sind unangenehm und der Patient will Schmerzfreiheit. So schlimm es klingen mag: Leidet er unter einer malignen Erkrankung, ist Schmerzfreiheit ein vergleichsweise leicht erreichbares Ziel: Mit eingreifenden Maßnahmen, wie dem Einsatz von hochdosierten einfachen Analgetika, Opioiden, neurolytischen Nervblockaden oder neurochirurgischen Eingriffen kann eine suffiziente Schmerztherapie erreicht werden. Ist die zugrundeliegende Erkrankung jedoch benigne, so werden derart eingreifende Maßnahmen nicht vorgenommen werden: Es werden in der Regel einfache Analgetika in unzureichenden Dosierungen verordnet, Opiate werden vermieden, neurolytische oder neurochirurgische Methoden werden zumeist nicht ins Auge gefaßt. Schließlich bleibt die Schmerztherapie insuffizient.

Im Laufe der Zeit zermürbt eine insuffiziente Therapie den schmerzkranken Patienten emotional, physisch und manchmal auch finanziell. Er entwickelt zunehmendes Mißtrauen gegen Ärzte und im Laufe der Zeit eine Abneigung gegen die immer gleichen Fragen und diagnostischen Maßnahmen. Was ihn jedoch immer wieder in ärztliche Behandlung treibt, ist die vom Fortschrittsglauben geprägte Hoffnung, es könnte etwas Neues geben, was ihm hilft. Der ständig vorhandene Schmerz lenkt seine Aufmerksamkeit immer mehr auf sich selbst. Er zentriert sich jedoch nicht nur auf den Schmerz, jedes Jucken, Ziehen, jede kleinste ungewohnte Regung wird registriert in der Hoffnung, es könnte eine weitere sinnvolle, nützliche Information darstellen – „oder zeigt es etwa eine Krankheitsverschlechterung an?" Der Patient konsultiert seinen Arzt und berichtet ihm detailliert, auch ohne danach befragt zu werden. Der Arzt tendiert zur Einordnung des Patienten in die Klasse der Hypochonder und der Hysteriker und bedeutet ihm, daß er nicht mehr für ihn tun kann. Der Patient hält ihn für insuffizient, für einen Quacksalber, bedankt und verabschiedet sich. Nicht selten sucht er nicht ärztlichen Rat und unterzieht sich mehr oder weniger obskuren Behandlungsmethoden, in der überwiegenden Mehrzahl der Fälle ohne Erfolg. Die insuffiziente Schmerztherapie führt zur Dosissteigerung und zur zusätzlichen Anwendung nicht rezeptpflichtiger Medikamente. Die chronische Intoxikation führt den Patienten irgendwann wieder zur Entgiftung ins Krankenhaus. Im Rahmen des Medikamentenentzugs wird er in der Regel einem Psychiater vorgestellt. Den chronisch schmerzkranken Patienten irritiert die psychiatrische Untersuchung, denn er sagt sich zu recht: „Ich bin doch nicht verrückt, ich bilde mir die Schmerzen doch nicht ein. Außerdem bin ich kein Drogenabhängiger im eigentlichen Sinne. Was soll ich mit einem Irrenarzt?"

Der Psychiater seinerseits hat die Aufgabe, eine Geisteskrankheit bzw. eine Drogenabhängigkeit zu diagnostizieren. Da der Patient glaubhafte Schmerzen angibt, kommt er zu dem Schluß, daß dieser weder drogenabhängig noch geisteskrank ist. Er gibt ihm in der Regel ein paar gute Ratschläge und hinterläßt einen noch hoffnungsloseren Patienten. Wieder aus dem Krankenhaus entlassen mit einem Medikationsschema, das aufgrund der Benignität der Grunderkrankung wieder unzureichend ist und unter den Bedingungen der Alltagsbelastung nicht aufrecht erhalten werden kann, setzt sich das Leben des chronisch Schmerzkranken im Dreieck Wohnung, Arzt, Apotheke fort.

Durch häufige Arztbesuche und Krankenhausaufenthalte kommt es zu krankheitsbedingter Arbeitsunfähigkeit obgleich der Patient prinzipiell arbeitsfähig wäre. In wirtschaftlich schlechten Zeiten führt dies nicht selten zur Arbeitslosigkeit.

Die geschilderten psychischen und sozialen Veränderungen enden in Verzweiflung, Hoffnungslosigkeit und Depression. Während akuter Schmerz mit der Emotion Angst assoziiert ist, sind dies die psychischen Äquivalente chronischer Schmerzzustände.

Ist der Schmerz psychosomatischen Ursprungs, so finden wir im Persönlichkeitstest, beispielsweise dem MMPI, das typische psychosomatische V, d. h. hohe Hypochondrie- und Hysteriewerte bei niedrigen Depressionswerten (3). Es wird angenommen, daß durch Somatisierung der Affekt gebunden wird, es also durch vermehrte Beschäftigung mit dem Körper gelingt, emotionale Störungen zu verdecken. Im Beispiel des psychosomatischen V verdeckt der Schmerz die zugrundeliegende larvierte Depression. Es ist deshalb unbedingt notwendig, bei chronisch Schmerzkranken an eine larvierte Depression zu denken und diese zu behandeln.

Eine Minderheit chronisch Schmerzkranker bekämpft den Schmerz mit ständiger Selbstbeschäftigung (am Arbeitsplatz, im Garten, in der Abendschule, usw.), lehnt Medikamente nach kurzer Zeit ab mit der Argumentation, sie helfen nicht und machen nur müde, und entwickeln ein eher geschäftsmäßiges Verhältnis zum Arzt: „Herr Doktor, wenn Sie mir helfen können, ist es gut, wenn nicht, ist es auch gut, aber reden Sie nicht lange darum herum, sagen Sie mir klar und offen, daß Sie glauben, mir nicht helfen zu können, ich habe relativ wenig Zeit."

Die Prognose einer Schmerzbehandlung bei chronisch Schmerzkranken ist immer dann gut, wenn die psychometrisch gewonnenen Hypochondrie- und Hysteriewerte niedrig sind und schlecht, wenn diese hoch gemessen werden (1). In einer neueren Arbeit konnte gezeigt werden, daß eine Schmerztherapie um so erfolgreicher ist, je eher Änderungen im Lebensstil und der Aktivität des Patienten erzielt werden. Mißerfolge wurden immer dann verzeichnet, wenn eine Depression, Passivität und Abtriebslosigkeit am Patienten festzustellen waren, ein Krankheitsgewinn erzielt wurde oder Rentenansprüche bestanden (2). Die Autoren forderten deshalb eine aggressive Behandlung der Depression und Änderung der Familiendynamik zur Vermeidung des Krankheitsgewinns.

Die geschilderten psychologischen und psychosozialen Veränderungen am chronisch Schmerzkranken beziehen sich auf Schmerzursachen nicht maligner Genese, da auch heute noch die Haltung „Schmerzfreiheit nicht um jeden Preis" bei nicht malignen Schmerzursachen vertreten wird. Anders verhält es sich mit Patienten, deren Schmerzursache im Krebs oder auch der Krebstherapie zu sehen ist. Sie weisen an psychischen Veränderungen im wesentlichen Angst, Depression und Ärger auf: Angst vor unkontrollierbarem Schmerz, Tod, Selbstkontrollverlust, vor der Zukunft und auch vor dem sozialen Statusverlust. Körperliche Schwäche, möglicherweise Entstellungen durch Operation, Hilflosigkeit, Statusverlust, auch Arbeitslosigkeit und finanzielle Probleme können zur Depression führen. Eine gereizte Grundstimmung, Frustration über Therapieversager und die Frage „Warum muß gerade ich krank sein?" äußern sich im Ärger. Die genannten Emotionen sind nicht getrennt voneinander zu sehen, sondern gehen ineinander über und sind nicht selten gleichzeitig bei einem Patienten festellbar. Patienten mit Krebsschmerz sind deshalb besser therapeutisch angehbar, weil eingreifendere Maßnahmen durchgeführt werden können. Aber auch bei ihnen gewinnt die psychologische Betreuung zunehmend an Bedeutung.

Literatur:

1. Maruta T., P. Swanson, W. Swenson (1979) Chronic Pain: Which patients may a pain management program help? Pain, 7, 321–329

2. Painter J. R., J. L. Seres, R. I. Newman (1980) Assessing benefits of the pain center: Why some patients regress. Pain 8, 101–113

3. Sternbach R. A., S. R. Wolf, R. W. Murphy, W. H. Akeson (1973) Traits of pain patients: The low-back "loser". Psychosomatics 14, 226–229

Diagnostik und Therapie chronischer Schmerzen*

B. Koßmann, I. Bowdler und J. Kilian

Der chronische Schmerz hat in den letzten Jahren ein immer größeres Interesse gefunden. Gründungen von Schmerzambulanzen, Schmerzkliniken oder Schmerzzentren haben dazu geführt, daß der chronische Schmerz nicht mehr als unvermeidbares Übel, sondern durchaus als behandelbare Krankheit erkannt wurde. Das große Interesse und die Vielzahl von Patienten haben dazu geführt, daß in Schmerzbehandlungseinrichtungen lange Wartezeiten entstanden. Ein bis zwei Jahre Wartezeit werden so in manchen Gebieten Deutschlands benötigt, bis ein schmerzgeplagter Patient untersucht und behandelt werden kann.

Wir sind der Meinung, daß das Problem chronischer Schmerz nur durch eine gemeinsame Kooperation zwischen Klinik und niedergelassenem Arzt sowie einem abgestuften Konzept von Versorgungseinrichtungen gelöst werden kann (7) und haben uns deshalb in den letzten Jahren auch Gedanken darüber gemacht, durch welche diagnostischen und therapeutischen Maßnahmen diese Patienten in der Praxis besser abgeklärt und versorgt werden könnten. Exemplarisch wollen wir dies am Beispiel chronischer Kopfschmerzen und Karzinomschmerzen aufzeigen.

Will man einer englischen repräsentativen Umfrage an über 1.000 Personen glauben, so leiden 90% aller weiblichen Mitbürger und über 80% aller männlichen Personen regelmäßig an Kopfschmerzen. Etwas über 25% aller Befragten befand sich wegen dieser Kopfschmerzen in medizinischer Behandlung. Diese Behandlung war nur in einem sehr geringen Prozentsatz, nämlich bei 40% der Behandelten, effektiv (13). Neben Migräne und Spannungskopfschmerzen, den häufigsten Diagnosen in dieser Umfrage, wußte eine große Anzahl der Befragten nicht über die Ursache und die korrekte medizinische Diagnose ihrer Kopfschmerzen Bescheid.

* Vortrag anläßlich des klinischen Wochenendes „Der Schmerz und seine Behandlung" am 27. April 1985 im Haus der Ärzte in Saarbrücken

Wir haben deshalb etwas über 100 Patienten, die bei uns wegen ihrer chronischen Kopfschmerzen behandelt wurden, bezüglich ihrer Diagnose und den bei uns eingesetzten Behandlungsmaßnahmen ausgewertet. Alle diese Patienten wurden gründlich allgemeinärztlich sowie kopfschmerzspezifisch untersucht (Tabelle 1). Allen Patienten wurde Blut für ein Labor-Screening entnommen. Röntgenaufnahmen des Schädels, der Nasennebenhöhlen und der Halswirbelsäule sowie ein Computertomogramm wurden, sofern nicht vorhanden, angeordnet. Zusätzlich wurden alle Patienten einem Neurologen, bei pathologischen Befunden der Hals-, Nasen-, Ohren-, der Augen- und der Zahn- bzw. kieferchirurgischen Klinik überwiesen. Rein symptomatische Kopfschmerzen wurden in den entsprechenden Fachabteilungen behandelt. Bei Verdacht auf Medikamentenabusus, wie dies von Wörz (15) beschrieben wurde, wurden die Patienten einer Psychiatrischen Klinik zur Entziehung zugewiesen oder, sofern möglich, von uns gemeinsam mit Psychologen und Psychiatern stationär behandelt und entzogen.

Immerhin bei 24 Patienten, die über Kopfschmerzen klagten, fanden wir Triggerpunktsyndrome, wie sie von Travell (14) beschrieben wurden. Solche Triggerpunkte finden sich im Bereich der Hals- und Nackenmuskulatur. Sie führen bei sanftem Druck zu ganz charakteristischen Schmerzausstrahlungen in den Kopf. Bei diesen Patienten führten wir Triggerpunktinfiltrationen durch. 13 dieser Patienten wurden darunter völlig beschwerdefrei, alle Patienten insgesamt gebessert.

1. Allgemeinärztlich		**2. Kopfschmerzspezifisch**	
AZ:	EZ:	Körperhaltung:	
RR:	Puls:	HWS:	Haltung
Herz:			Bewegung
Lunge:			Schmerzhaftigkeit
Abdomen:			Hartspann
Pulsstatus:			NAP
Lymphknoten:			Hirnnerven
			Kauapparat
			Koordination

Tab. 1:
Obligatorische Untersuchungen bei Kopfschmerzpatienten.

Bei 21 Patienten fanden wir als Ursache der Kopfschmerzen pathologische Veränderungen der Halswirbelsäule. Diese wurden bevorzugt mit der transkutanen Nervenstimulation behandelt. Dabei legten wir die Elektroden beidseits paravertebral. Sprachen die Patienten auf die Behandlung gut an, liehen wir ihnen eines unserer transkutanen Nervenstimulationsgeräte zur Selbstbehandlung aus. In der Regel stimulierten die Patienten zwischen ein- bis dreimal am Tag. Mit dieser Behandlung erreichten wir immerhin bei 18 dieser 21 Patienten eine deutliche Besserung der Schmerzintensität.

Grundlage dieser transkutanen Nervenstimulation ist die Schleußen-Kontrolltheorie von Melzack und Wall (9). Obwohl diese Theorie heute in ihrer wissenschaftlichen Aussage zum Teil widerlegt ist, hat sie ganz wesentliche Anstöße in der Schmerzforschung und Schmerzbehandlung erbracht. Nach Melzack und Wall (9) führt die Stimulation dicker sensibler Nervenbahnen zu einer Stimulation inhibitorischer Neurone im Bereich der Substantia gelatinosa des Rückenmarks. Durch die Aktivierung dieser inhibitorischen Neurone kommt es zu einer Hemmung der Schmerzweiterleitung.

Ein anderes Gegenirritationsverfahren, die Akupunkturbehandlung, ist ein wichtiger Bestandteil der Migränetherapie. Von 40 Patienten, die unter Migräne litten, d. h. eine typische Anamnese von einseitigen Attacken, denen Flimmerskotome, gelegentlich andere neurologische Symptome vorausgingen sowie eine entsprechende Familienanamnese hatten, wurden 14 Patienten durch die Akupunktur völlig beschwerdefrei, weitere 20 deutlich gebessert.

Spannungskopfschmerz war eine Ausschlußdiagnose. Spannungskopfschmerzen werden bei uns nur dann diagnostiziert, wenn kein organischer pathologischer Befund erhoben werden kann. Diese Patienten klagen typischerweise über einen konstanten, bandförmigen Schmerz, der häufig beschrieben wird, als ob ein Stahlband um den Kopf gepreßt würde. Die Ursache von Spannungskopfschmerzen ist psychisch bedingt (1, 2, 10). In einem primären Ansatz versuchten wir, diese Patienten durch Wirkungen auf das Nervensystem über transkutane Nervenstimulation oder Akupunktur zu behandeln. Mindestens in der Kurzzeitnachbeobachtung fanden wir, daß sowohl die transkutane Nervenstimulation als auch die Akupunktur zu einer adäquaten Schmerzreduktion führte. Durch diese Behandlungen gelingt es vielfach erst, das Vertrauen der Patienten zu gewinnen um sie dann psychischen Verfahren zuzuführen.

Nach Barolin (1) können neben Irritation peripherer Nerven, Dysfunktionen der Blutgefäße, pathologisch veränderte Gelenke oder pathologische Muskelverspannungen zu Kopfschmerzen führen. Psychische Verspannung führt über eine verstärkte Muskelspannung zu Kopfschmerzen und Kopfschmerzen selbst können zu psychischen Spannungen führen. Somit schließt sich ein Circulus vitiosus des Schmerzes.

Nach Ausschluß schwerer organischer Erkrankungen und genauer Abklärung der Ursache konnten unserer Erfahrung nach rein symptomatische Behandlungsmaßnahmen, wie die Akupunktur, die transkutane Nervenstimulation oder Triggerpunktinfiltration bei 35% unserer Patienten eine völlige Beschwerdefreiheit herbeiführen. Weitere 46% litten im Anschluß an unsere Behandlung nur noch unter leichten, gut tolerierbaren Schmerzen, so daß auf eine weitere Medikamenteneinnahme verzichtet werden konnte. Da gerade die medikamentöse Therapie solcher Patienten mit Kombinationspräparaten durchgeführt wird, die Barbiturate enthalten und dadurch gerade erst ein neues Kopfschmerzsyndrom erzeugt werden kann (4, 8, 15), halten wir alternative Therapieverfahren in Kombination mit Physiotherapie, eventuell unterstützt durch psychologische Behandlungsmaßnahmen in erster Linie für indiziert.

Ganz andere differentialdiagnostische Überlegungen und therapeutische Konsequenzen hat das Vorgehen beim Karzinomschmerz. Nach Schreml (11) ist es die psychosoziale Dimension, die den Krebsschmerz am stärksten von anderen Schmerzformen abhebt. Die Angst vor Schmerz sei häufig die erste Reaktion eines Patienten, der mit der Diagnose einer bösartigen Erkrankung konfrontiert wird. Bei fortgeschrittenen Tumoren beschäftigt der Schmerz oft die ganze Aufmerksamkeit des Patienten. Das Bewußtsein des drohenden Todes, die Furcht vor Verunstaltung durch die Krankheit und die Sorge um soziale und familiäre Belange beeinflußt so die Schmerzsymptomatik. Ein Fallbeispiel aus unserem eigenen Patientengut macht dies deutlich. Eine 45jährige Patientin, die notfallmäßig zu uns überwiesen wurde, weil sie sich weigerte, die Ambulanz der Gynäkologischen Klinik zu verlassen, da ihre Schmerzen unerträglich seien, wurde von uns stationär behandelt. Bei der Anamnese und Untersuchung stellte sich heraus, daß die Patientin an einem weit fortgeschrittenen Ovarialkarzinom mit Lebermetastasen litt. Sie fühlte sich mangelhaft über ihre Erkrankung aufgeklärt, fand, daß sie falsch behandelt worden sei und unbedingt einer erneuten Operation bedürfe. Nach Klärung dieser Fragen fiel der Opiatbedarf der

Patientin rapid. Sie konnte mit einem peripher wirkenden Analgetikum nach Hause entlassen werden.

Die Häufigkeit der so beobachteten Schmerzen schwankt zwischen 34%, wie dies von Senn und Claus (12) an einem internistisch onkologischen Krankengut beobachtet wurde und wenigstens 60% aller Karzinompatienten, die nach Folge (5) im Terminalstadium an Schmerzen leiden.

Bonica führte für die ungenügende und unbefriedigende Behandlung des chronischen Krebsschmerzes unter anderem
- den Nihilismus des Therapeuten gegenüber den Patienten an,
- die deshalb geringe Aufmerksamkeit bei Anamnese und Untersuchung,
- die daraus folgende geringe Sorgfalt bei der Differentialdiagnose des Schmerzphänomens,
- die Anwendung von Routinemaßnahmen ohne Eingehen auf die individuellen Bedürfnisse des Patienten,
- die Verdrängung der psychologischen und emotionalen Dimension des Krebsschmerzes durch den Arzt (3).

Der gedankenlose, routinemäßige Einsatz von Behandlungsmethoden und deren Ineffektivität zeigt die Aufschlüsselung der Vorbehandlung bei 76 Karzinompatienten, die während eines Jahres in unserer Schmerzambulanz untersucht und behandelt wurden. Je stärker die Schmerzproblematik wurde, desto häufiger wurden zwei, gelegentlich bis zu vier Analgetika eingesetzt.

So erhielten diese Patienten insgesamt 113 verschiedene Präparate (Tabelle 2). Lediglich 33 dieser Präparate waren regelmäßig angeordnet, dies aber nicht nach Zeitschema.

Die Angst vor Abhängigkeit und Toleranz sowie die Atemdepression waren Gründe, die die Ärzte von einer adäquaten Schmerztherapie abhielten. Die Angst, im Endstadium ihrer Erkrankung keine adäquate Schmerzlinderung mehr erfahren zu können, war der Grund von seiten der Patienten, eine solche Therapie abzulehnen.

Eine interdisziplinäre Zusammenarbeit mit den operativen Fächern, der internistischen Onkologie und der Strahlentherapie, die genaue neurologische Abklärung sowie der spezifische Einsatz anästhesiologischer und neurochirurgischer Methoden erscheint uns für eine adäquate Therapie notwendig. Neben der neurologischen Analyse des Krebsschmerzes, die radikuläre Syndrome, Projektions-

Bisherige Behandlung von Karzinompatienten	
Peripher wirkende Analgetika:	31 Präparate
Agonisten – Antagonisten:	54 Präparate
Opiate:	13 Präparate
Mischpräparate:	11 Präparate
Psychopharmaka:	4 Präparate
Regelmäßige Einnahme:	33 Präparate
Unregelmäßige Einnahme:	80 Präparate

Tab. 2:
Bisherige medikamentöse Behandlungsmaßnahmen bei 76 Karzinompatienten, die in der Schmerzambulanz der Universität Ulm behandelt wurden.

schmerzen als Folge von Läsionen oder Irritationen peripherer Nerven, pseudoradikuläre Schmerzsyndrome und viszerale Übertragungsschmerzen unterscheidet, wurden pathologisch anatomische Korrelate für tumorbedingte Schmerzen, unter anderem von Bonica (3), von Foley (5) und Hill (6) angegeben. Diese analytische Orientierung und Betrachtung des Krebsschmerzes dient als Anhaltspunkt für die entsprechende Therapie.

Wir sind der Ansicht, daß sich als therapeutische Maßnahmen, die in der Mehrzahl aller Karzinompatienten eine ausreichende Schmerzlinderung bewirkt, die medikamentöse Therapie mit Analgetika durchsetzt. Dabei sollten diese Medikamente vor Schmerzeintritt, d. h. in einem pharmakologisch sinnvollen Abstand gegeben werden. Ein Vorgehen nach einem Stufenplan hat sich dabei im Tumorzentrum Ulm durchgesetzt. Neben der Gabe peripher wirkender Analgetika werden Präparate aus der Agonist-/Antagonistengruppe, zum Teil in Kombination mit Psychopharmaka eingesetzt. Als letzter Therapieschritt hat sich die Gabe eines oralen Morphincocktails bewährt (siehe Tabelle 3).

So wurden z. B. drei von 12 Patienten, die mit Buprenorphin behandelt wurden, völlig beschwerdefrei, weitere fünf klagten nur noch über leichte, gut tolerable Schmerzen. Die Patienten, bei denen es zu keiner adäquaten Schmerztherapie kam, wurden erneut untersucht und die Diagnose überprüft. Hier stellte sich heraus, daß

I. Peripher-wirkendes Analgetikum bei Bedarf
II. Regelmäßig peripher-wirkendes Analgetikum
III. Basistherapie Stufe II
+ Agonist-Antagonist-Analgetikum
IV. Stufe III + Psychopharmaka
(Amitriptylin, Haloperidol)
V. Orales Morphium
(Morphium in wässriger Lösung, 4stdl., Tabletten 12stdl.)

Tab. 3:
Stufenplan der medikamentösen Therapie bei Karzinompatienten, wie er am Klinikum der Universität Ulm eingesetzt wird. Ein analoger Stufenplan wird von der WHO vorgeschlagen.

wegen bestehender Nervenkompressionssymptomatik andere Behandlungsmaßnahmen (neurochirurgisch, anästhesiologisch) eingesetzt werden mußten (Abb. 1). Die Furcht vor einer frühzeiti-

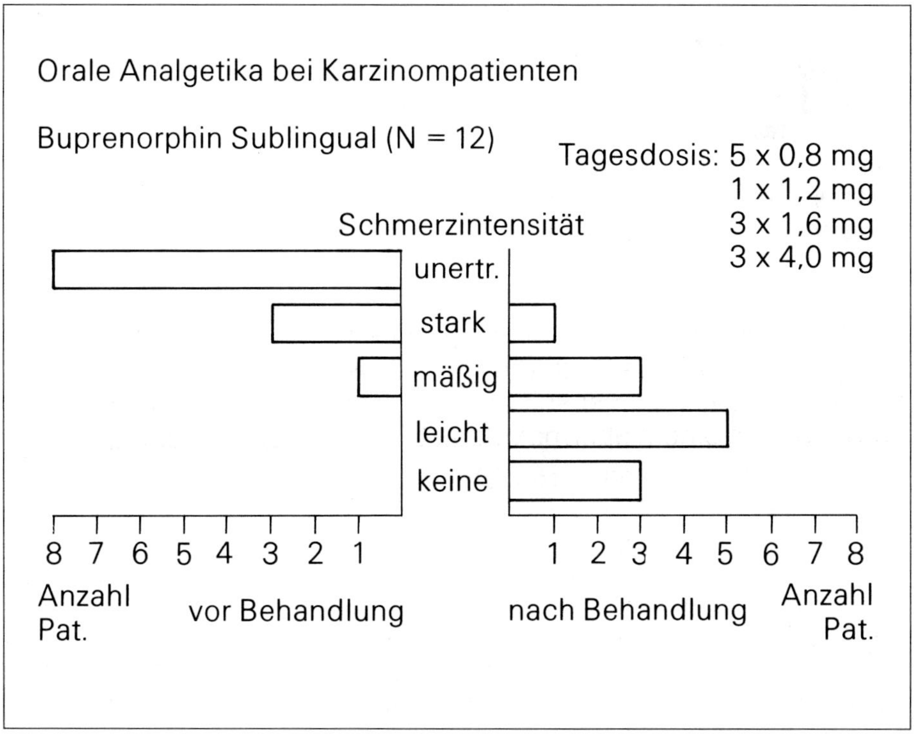

Abb. 1:
Schmerzintensität vor und nach Behandlung mit Buprenorphin bei prophylaktischer sechsstündlicher sublingualer Applikation.

gen Toleranzentwicklung und Gewöhnung an starke Analgetika ist nach den Erfahrungen aus den anglo-amerikanischen Ländern (14 a) und unseren eigenen Erfahrungen mit Opioden nicht begründet. So fanden wir zwar bei 41 Patienten, die mit Morphium behandelt wurden, eine gewisse Dosissteigerung im Laufe ihrer Erkrankung; nur bei einer einzigen Patientin kam es jedoch zu einer exzessiven Steigerung bis auf 110 mg Morphium als Einzeldosis. Insgesamt sieht man also eine leichte Dosiserhöhung, die aber durchaus aus dem Verlauf des malignen Geschehens erklärbar ist (Abb. 2). Sehr viele unserer Patienten sind über mehrere Monate hindurch jedoch mit einer konstanten Dosis von Opioiden gut medikamentös eingestellt und völlig oder weitgehend beschwerdefrei (Abb. 3).

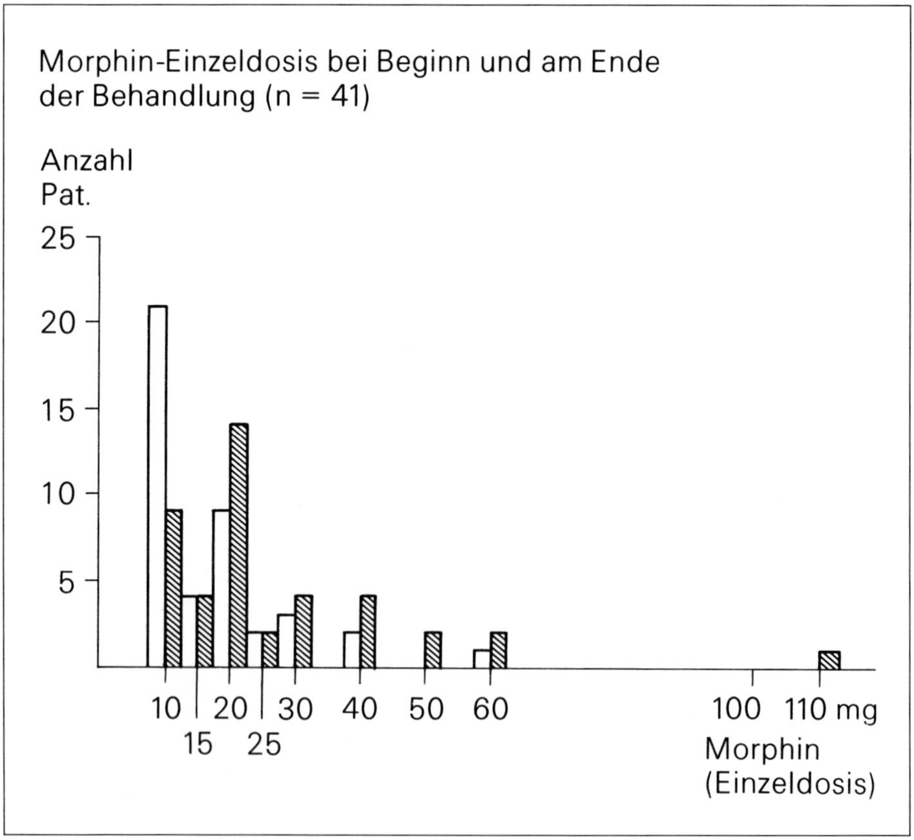

Abb. 2:
Morphindosis zu Beginn (offene Säule) und am Ende der Behandlung (schraffierte Säule). Insgesamt ist eine leichte Dosissteigerung erkennbar. Diese Dosissteigerung muß aber im wesentlichen auf die Progredienz der Grunderkrankung zurückgeführt werden.

Nicht jeder Schmerz beim Karzinompatienten ist jedoch ein Schmerz, der durch das Karzinom verursacht wird. Iatrogene, behandlungsbedingte Schmerzen, hier seien nur Neuropathien nach Zytostatikatherapie, Plexusschädigungen nach Bestrahlungen, Stumpf-Phantomschmerzen nach Amputationen aus vielen Ursachen herausgegriffen, bedürfen ganz anderer Behandlungspraktiken, wie diejenigen Schmerzen, bei denen die Lebenserwartung eingeschränkt ist.

Häufig wird aber gerade bei Problemfällen mit chronischen Schmerzen ein multifaktorielles Vorgehen, wie es nur in einer multidisziplinären Schmerzkonferenz unter Heranziehung aller beteiligten Fachdisziplinen möglich ist, ein erfolgreiches Konzept einer individuellen Behandlung erarbeiten können. Neben den rein pharmakologischen und medizinischen Fakten und Behandlungsmethoden darf aber nicht vergessen werden, daß es sich beim Schmerz um ein psychosoziales Phänomen handelt, so daß nur durch eine entsprechende psychische Betreuung und Führung des Patienten letztendlich die Schmerzbehandlung erfolgreich sein kann.

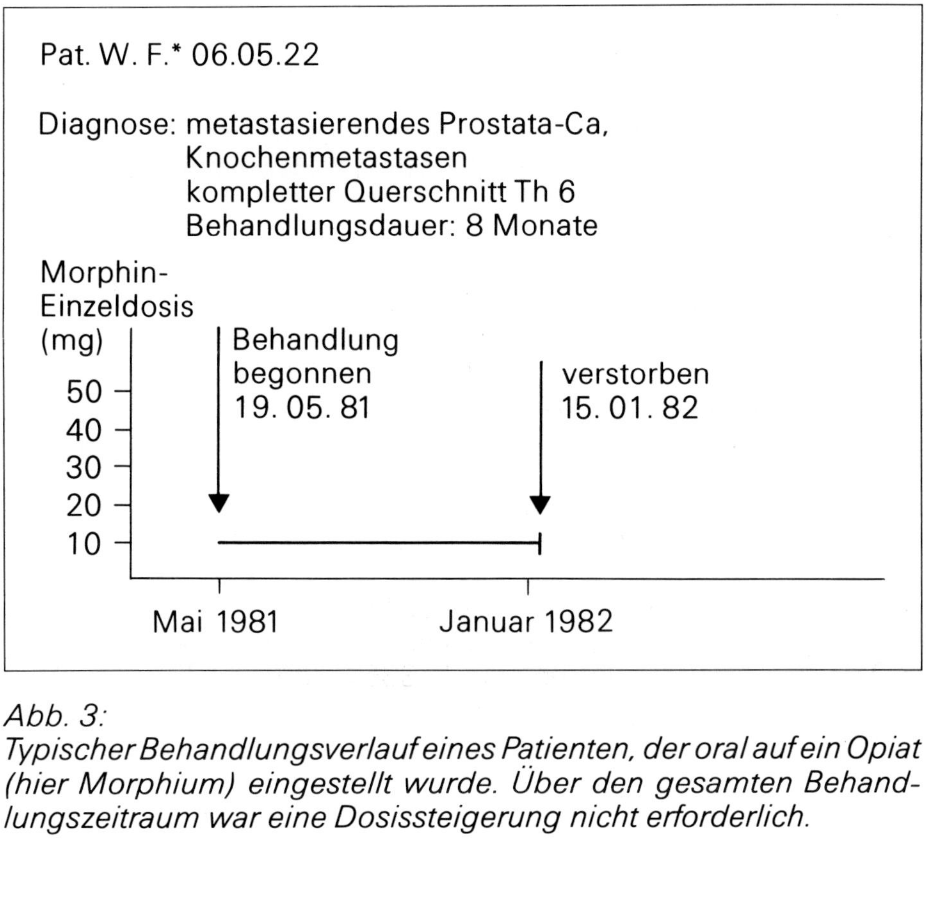

Abb. 3:
Typischer Behandlungsverlauf eines Patienten, der oral auf ein Opiat (hier Morphium) eingestellt wurde. Über den gesamten Behandlungszeitraum war eine Dosissteigerung nicht erforderlich.

Literatur:

1. Barolin, G. S.:
   Kopfschmerz (1981/2). Stuttgart: Enke (1981)

2. Bischoff, C., H. C. Traue:
   Myogenic headache.
   In: Perspectives in research on headache
   (eds. K. A. Holroyd, B. Schlote, H. Zenz), p. 66.
   New York, Toronto: Lewiston 1983

3. Bonica, J. J.:
   Cancer pain.
   In: Medical complications in cancer patients
   (eds. R. Klastersky, N. Staquet).
   New York: Raven Press (1981)

4. Bowdler, I., B. Kossmann:
   Drug therapy of chronic headache.
   In: Perspectives in research on headache
   (eds. K. A. Holroyd, B. Schlote, H. Zenz). p. 115.
   New York, Toronto: Lewiston 1983

4a. Bowdler, I., S. Berg-Steiter, B. Koßmann:
   Die medikamentöse Behandlung chronischer Schmerzen.
   In: Schmerzambulanz (eds. B. Koßmann, V. Hempel), p. 14
   Erlangen: Perimed (1983)

5. Foley, K. M.:
   Pain syndromes in patients with cancer.
   In: Advances in pain research and therapy
   (eds. J. J. Bonica, V. Ventafridda), Vol. 2 Pain of advanced, p. 59
   New York: Raven Press (1979)

6. Hill, K.:
   Pathologische Anatomie des Krebsschmerzes.
   Anaesthesist 31, 637 (1982)

7. Kilian, J., B. Koßmann, F. W. Ahnefeld:
   Schmerzambulanz – Schmerzklinik – Schmerzzentrum.
   Ärzteblatt Baden-Württemberg 9, 336 (1984)

8. Kossmann, B., I. Bowdler:
Alternative treatments in chronic headache.
In: Perspectives in research on headache
(eds. K. A. Holroyd, B. Schlote, H. Zenz), p. 126.
New York, Toronto: Lewiston (1983)

9. Melzack, R., P. D. Wall:
Pain mechanisms: A new theory. Science 150, 971 (1965)

10. Schlote, B. M.:
Diagnostic procedures for the diagnosis of myogenic headache.
In: Perspectives in research on headache
(eds. K. A. Holroyd, B. Schlote, H. Zenz), p. 91.
New York, Toronto: Lewiston (1983)

11. Schreml, W., W. Merkle, H. Heimpel:
Medikamentöse Schmerztherapie bei Krebspatienten.
Med. Klin. 76, 43 (1981)

12. Senn, H. J., A. Claus:
Schmerzen und Schmerzbekämpfung bei Tumorkrankheiten.
Schweiz. med. Wschr. 112, 1158 (1982)

13. Turner, D. B., A. J. Stone, M. S. Stone:
Headache and its treatment: A random sample survey.
Headache 19, 74 (1979)

14. Travell, J., S. H. Rinzler:
The myofascial genesis of pain.
Post Grad. Med. 11, 425 (1952)

14a. Twycross, R. G.:
Overview of analgesia.
In: Advances in pain research and therapy
(eds. J. J. Bonica, V. Ventafridda), Vol. 2, p. 617.
New York: Raven Press (1979)

15. Wörz, R.:
Analgesic withdrawal in pain therapy.
In: Perspectives in research on headache
(eds. K. A. Holroyd, B. Schlote, H. Zenz), p. 137
New York, Toronto: Lewiston (1983)

On-Demand Analgesie – Neue Möglichkeiten zur Schmerztherapie*

K. A. Lehmann

Die postoperative Schmerztherapie gilt wohl nicht zu Unrecht als Stiefkind der Anaesthesiologie. Viele Patienten sehen heute nicht mehr so sehr der Narkose, sondern den ersten Stunden nach der Operation mit Sorge entgegen. Die Ursachen liegen meines Erachtens klar auf der Hand: starre intramuskuläre Dosierungsschemata, meist dem Pflegepersonal quasi als Dienstanweisung übertragen, häufig weniger von objektiven Untersuchungen als von subjektiver Vorliebe geprägt, gestatten keine Anpassung der Dosis oder des Applikationsintervalls an das individuell sehr unterschiedlich ausgeprägte Schmerz**erlebnis.** Eine effektive Therapie sollte einer schnellen und quantitativen Bioverfügbarkeit ebenso Rechnung tragen wie der individuellen Schmerzintensität und -verarbeitung. Während sich das erste Teilziel wohl nur durch eine intravenöse Applikation erreichen läßt, erfordert das zweite Informationen, die nicht dem Arzt, sondern nur dem Patienten selbst zugänglich sind.

Ein Lösungsansatz heißt **„intravenöse On-Demand Analgesie“;** eine mögliche technische Realisierung erfolgt mit einem mikroprozessorgesteuerten Injektions- und Kontrollsystem, dem „On-Demand Analgesia Computer“ (ODAC). Von einer maschinengetriebenen Injektionsspritze führt hierbei eine Zuleitung als Bypass in die postoperativ übliche intravenöse Infusion; bei Schmerzen kann der Patient per Knopfdruck zuvor eingestellte Analgetikaboli anfordern. Zwischen zwei Dosen bleibt das Gerät für eine frei wählbare Zeitperiode refraktär, was in Verbindung mit einer ebenfalls festgelegten Stundenmaximaldosis Überdosierungen verhindern soll. Ein integrierter Thermodrucker dokumentiert jede gülte Anforderung („Demand“) mit der aktuellen Uhrzeit. Eine niedrig eingestellte Dauerinfusion verhindert die Verstopfung des venösen Katheters.

Das therapeutische Prinzip des ODAC beruht auf der Realisierung eines geschlossenen Regelkreises, in welchem der Patient sowohl

* Vortrag anläßlich des klinischen Wochenendes „Der Schmerz und seine Behandlung“ am 27. April 1985 im Haus der Ärzte in Saarbrücken

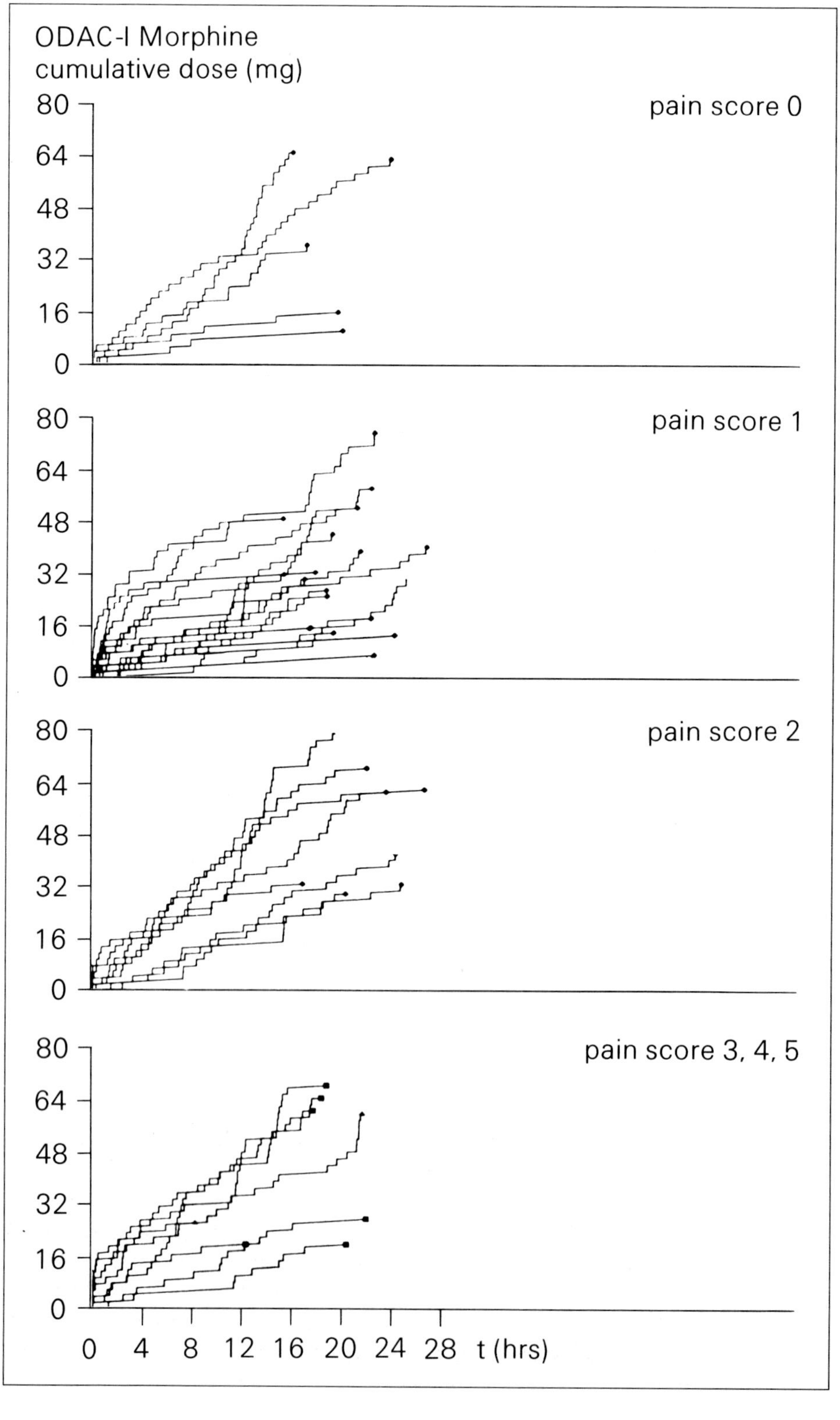
ODAC-I Morphine
cumulative dose (mg)
80
64
48
32
16
0
pain score 0
80
64
48
32
16
0
pain score 1
80
64
48
32
16
0
pain score 2
80
64
48
32
16
0
pain score 3, 4, 5
0 4 8 12 16 20 24 28 t (hrs)

als Fühler als auch als Stellglied fungiert. Die komplette und unmittelbare Bioverfügbarkeit nach intravenöser Injektion läßt ihn einen direkten Zusammenhang zwischen Anforderung und Effekt erkennen; das Warten auf die Schwester und den Wirkungseintritt entfällt. Mit der Gewißheit, unverzüglich Linderung erfahren zu können, bestimmt der Kranke dann selbst sein noch tolerierbares Schmerzniveau und ist eher bereit, dieses allmählich zu erhöhen.

Die Auswertung gezielter Untersuchungen fußt außer auf der Erfassung der subjektiven Patientenbeurteilung im wesentlichen auf einer Analyse individueller kumulativer Dosen. Damit besteht die Möglichkeit, vielen offenen Fragen gezielt nachzugehen, etwa einem Vergleich von Wirkstärke und -dauer verschiedener Analgetika, der **effektiven** Dosierung und den hierbei auftretenden **unvermeidbaren** Nebenwirkungen, oder der Bedeutung von Arzneimittelinteraktionen für die Schmerzverarbeitung.

In einer orientierenden Vergleichsstudie wurden bisher 11 verschiedene Analgetika auf ihre Eignung zur On-Demand Analgesie untersucht. Für jedes Medikament wurden 40 Patienten unmittelbar nach Beendigung der Narkose für 24 Stunden an den ODAC angeschlossen. Die Dosierungsparameter und Beurteilungskriterien sind aus Tabelle 1 ersichtlich.

Aus den individuellen Anforderungszeitpunkten wurden der mittlere Medikamentenverbrauch ermittelt und kumulative Dosis-Zeit-Plots gezeichnet (Abbildung 1). Alle Patienten gaben am Ende der ODAC-Therapie in standardisierten Interviews u. a. eine subjektive Bewertung des Verfahrens (Schmerzscore, Akzeptanz). Aus den individuellen Schmerzscores konnte eine mittlere Effektivität für den Zeit-

Abb. 1:
Darstellung individueller kumulativer Dosis-Zeit-Plots für ein Gesamtkollektiv von 40 Morphin-Patienten, aufgeschlüsselt nach dem jeweils erzielten retrospektiven Schmerzscore (vgl. Tabelle 1). Die Symbole am Ende der betreffenden Kurven repräsentieren den regulären Abschluß der Therapie; unten rechts bedeuten Quadrate einen Pain-Score von 3, Dreiecke von 4. Abbruch wegen Unwirksamkeit (Pain-Score 5) war in keinem Fall notwendig. Jede Treppenstufe kennzeichnet eine gültige Morphin-Anforderung (2 mg); die geringe Steigung zwischen den Demands ist auf die niedrig eingestellte Dauerinfusion zurückzuführen.

Dosierungsparameter:

Wirkstoff	Demand (mg)	Infusion (mg/h)	Max. Dosis (mg/h)
Fentanyl	0,034	0,004	0,25
Buprenorphin	0,040	0,005	0,32
Alfentanil	0,212	0,025	1,50
Morphin	1,920	0,231	14,80
Piritramid	1,990	0,239	15,00
Nalbuphin	3,846	0,460	28,46
Nefopam	3,846	0,460	28,46
Pentazocin	7,980	1,000	60,00
Pethidin	9,615	1,154	100,00
Tramadol	9,615	1,154	100,00
Metamizol	50,000	11,600	500,00

Retrospektive Schmerzscores

(Patientenbefragung nach der Schmerzintensität während der On-Demand Therapie; Interview am folgenden Tag)

0 = überhaupt keine Schmerzen
1 = gelegentlich mäßige Schmerzen
2 = ständig mäßige Schmerzen
3 = gelegentlich starke Schmerzen
4 = ständig mäßige, gelegentlich starke Schmerzen
5 = ständig starke Schmerzen
(Abbruch wegen Unwirksamkeit)

Tab. 1

raum der On-Demand Therapie berechnet werden. Für einzelne Opioidanalgetika wurden ferner venöse Blutproben jeweils unmittelbar vor den Zeitpunkten entnommen, zu denen nachlassende Analgesie einen weiteren Bolus erforderlich machte (Bestimmung „analgetischer" Grenzwertkonzentrationen).

Wie sich bei den ersten Ergebnissen zeigte, kann der ODAC nicht nur eine deutliche Verbesserung des therapeutischen Erfolgs herbeiführen, sondern auch unangreifbar jene enorme biologische Variabilität dokumentieren, mit der wir bei der Schmerzbehandlung stets zu rechnen haben. In Abbildung 1 sind die kumulativen Dosisplots für 40 Morphin-Patienten wiedergegeben. Es läßt sich deutlich erkennen, wie stark sich trotz Standardisierung von Narkose und Operation individuelle Verläufe voneinander unterscheiden: so gibt es Fälle, in denen praktisch überhaupt kein Analgetikum erforderlich war, während in anderen die Stundenmaximaldosis erreicht

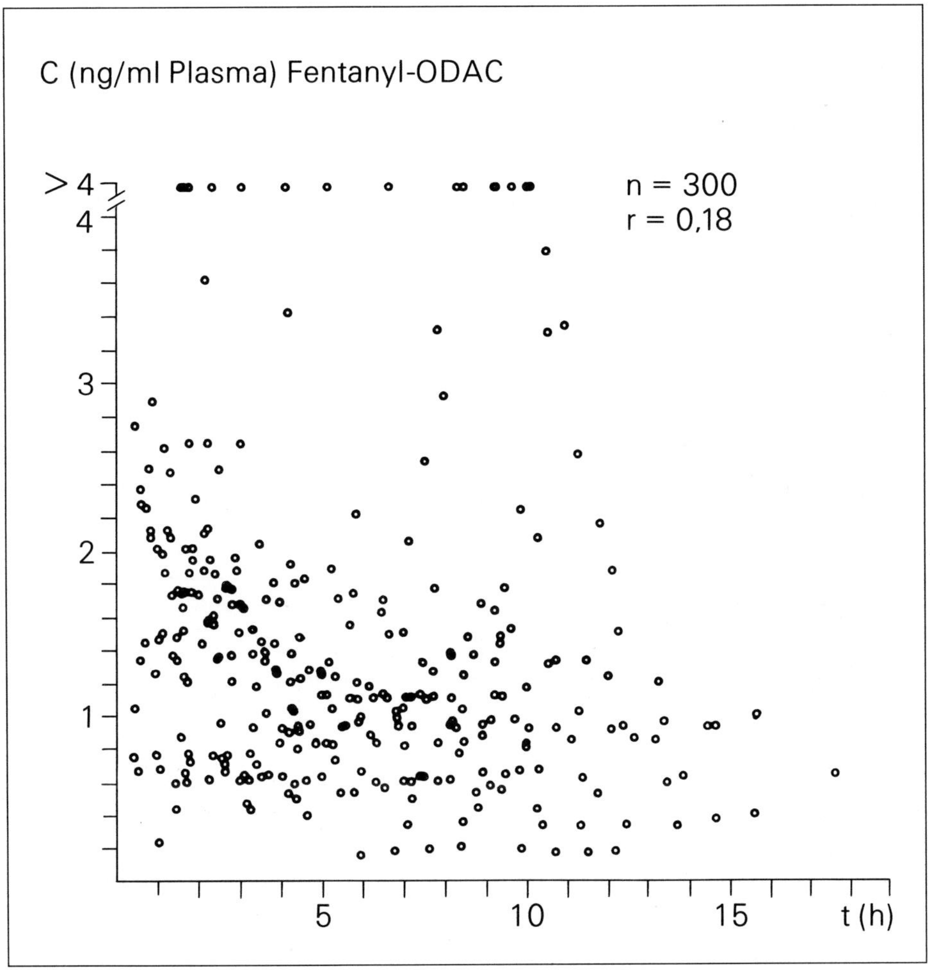

Abb. 2:
Fentanyl-„Minimalblutspiegel" unter postoperativer On-Demand Analgesie für ein Kollektiv von 40 Patienten nach abdominal- und peripher-chirurgischen (orthopädischen) Eingriffen (Dosierungsparameter s. Tabelle 1), aufgetragen gegen die Therapiedauer. Lineare Regressionsanalyse nach $y = a\,x + b$. Blutproben zur Konzentrationsbestimmung wurden jeweils unmittelbar vor einer Patientenanforderung entnommen.

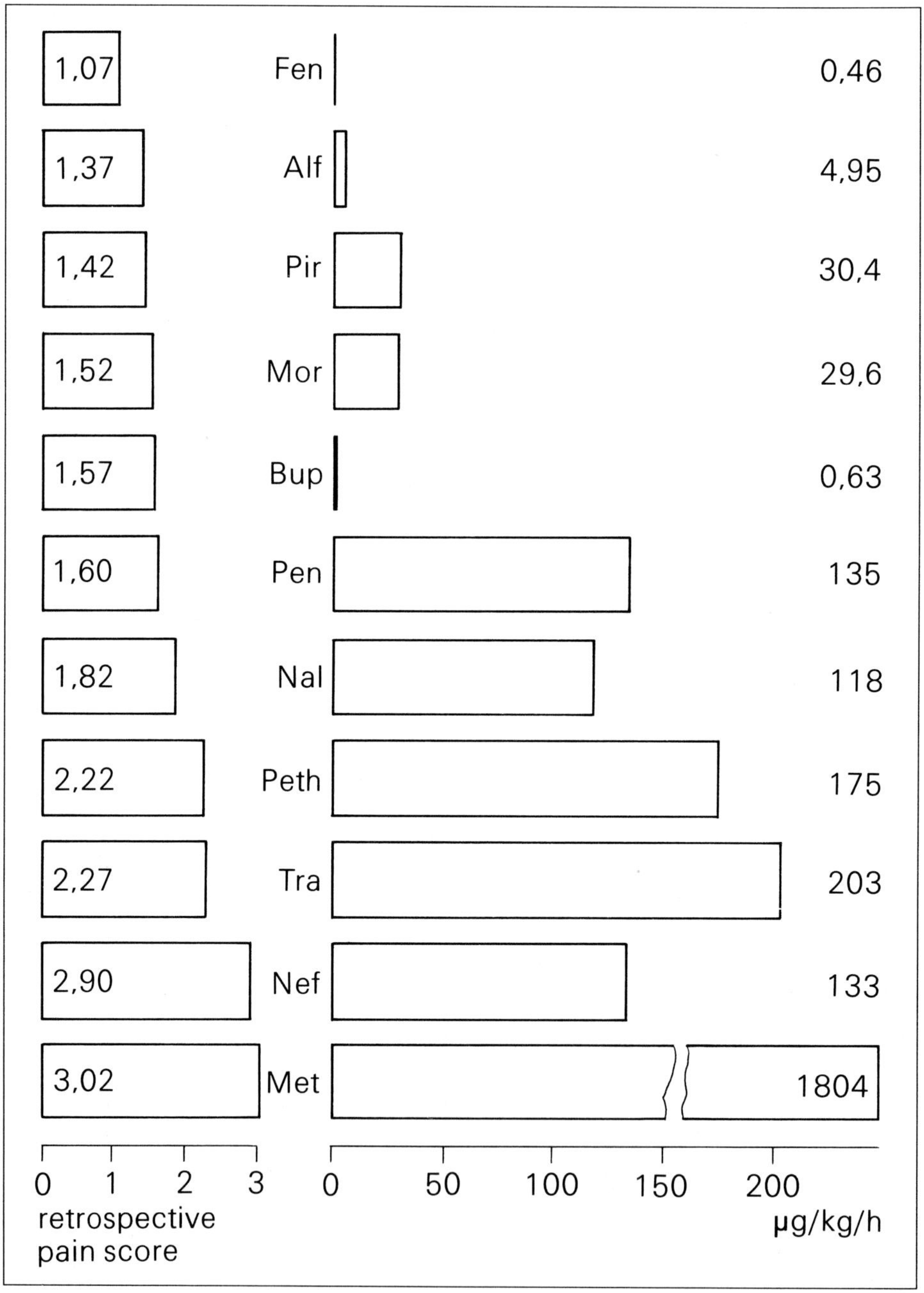

Abb. 3:
Gegenüberstellung des mittleren Medikamentenverbrauchs in µg/kg/h und des damit erzielten mittleren retrospektiven Schmerzscores (vgl. Bewertungskriterien in Tabelle 1) für vergleichbare Kollektive von je 40 postoperativen Patienten und 11 untersuchte Schmerzmittel.

wurde. Recht unerwartet war ferner die Feststellung, daß vergleichbar **hohe** Dosen von den Patienten z. T. ganz verschieden hinsichtlich der Effektivität beurteilt wurden; psychologisch orientierte Nachfolgeuntersuchungen drängen sich geradezu auf. Abbildung 2 zeigt exemplarisch diejenigen Plasmaspiegel von Fentanyl, bei denen die Patienten wegen nachlassender Analgesie weitere Dosen anforderten, in Abhängigkeit von der ODAC-Laufzeit. Wieder fällt die starke Streuung auf; ein fester Schwellenwert für „effektive" analgetische Blutkonzentrationen läßt sich hieraus sicher nicht ableiten! Die lineare Regression zeigt, daß mit einer Kumulation unter den gewählten Bedingungen nicht zu rechnen ist; sie spricht auch dafür, daß sich keine akute Toleranz entwickelt, die mit kontinuierlich höheren Plasmaspiegeln überwunden werden müßte. Eher ist anzunehmen, daß sich die Schmerzintensität allmählich reduziert – oder daß die Patienten sich daran langsam gewöhnen.

Vergleicht man verschiedene Analgetika miteinander, ergeben sich zwangsläufig unterschiedliche Gesamtdosen, in Abbildung 3 durch die breiten Säulen als Verbrauch in µg/kg/h dargestellt. Obwohl die Patienten praktisch völlig frei über die Schmerzmittelmenge bestimmen konnten, fällt doch ein deutlicher Zusammenhang zwischen der absoluten Wirkstärke und der Wirksamkeit (mittlerer retrospektiver Schmerzscore ins Auge. Derartige Befunde legen die Existenz substanzspezifischer Wirkungsmaxima nahe, die an Sättigungsphänomene erinnern („ceiling-effect" der analgetischen Wirkung). Der naheliegende Versuch, aus dem mittleren Verbrauch eine Rangordnung äquipotenter Dosen abzuleiten, scheint wegen dieser unterschiedlichen Wirksamkeiten deshalb nicht gerechtfertigt. In Tabelle 2 ist für einen solchen Vergleich das **Produkt** aus Wirksamkeit und Verbrauch zugrundegelegt; die klinisch einleuchtenden Ergebnisse bedürfen allerdings noch einer objektiven Validitierung der benutzten Gewichtung. Daß Tramadol und Pethidin praktisch vergleichbare Resultate ergaben, dürfte für Routineverordnungen von erheblicher Bedeutung sein (Tramadol ist derzeit nicht dem Betäubungsmittelgesetz unterstellt); die Einordnung von Nalbuphin (einem in Deutschland kurz vor der Einführung stehenden partiellen Agonist-Antagonisten) in das Schmerzmittelspektrum relativiert möglicherweise ungerechtfertigte Erwartungen schon vor seiner Einführung.

Es kann nicht verwundern, daß die Patientenakzeptanz eng mit der Wirksamkeit der verwendeten Analgetika zusammenhängt (Tabelle 2). Klinische Beurteilungen des On-Demand Analgesie-Konzepts dürfen also nur unter Berücksichtigung des eingesetzten Medikaments vorgenommen werden! Die Bevorzugung von Buprenorphin

Effektivität der On-Demand Analgesie
(Angaben über Verbrauch und retrospektiven Schmerzscore bei Dosierung nach Tabelle 1; n = 40. Relative äquipotente Dosen wurden auf das Produkt aus zeitlichem Verbrauch und Schmerzscore bezogen, Fentanyl = 1)

Wirkstoff	Verbrauch (µg/kg/h)	Schmerz-score	relative äquip. Dosen
Fentanyl	0,46	1,07	1,00
Buprenorphin	0,63	1,57	2,01
Alfentanil	4,95	1,37	13,78
Morphin	29,62	1,52	85,49
Piritramid	30,44	1,42	87,82
Nalbuphin	117,52	1,82	434,55
Pentazocin	135,57	1,60	440,70
Nefopam	132,75	2,90	782,15
Pethidin	175,10	2,22	789,76
Tramadol	203,12	2,27	936,78
Metamizol	1804,21	3,02	11070,12

Patientenakzeptanz
(Bewertung ODAC: + besser als früher erlebte konventionelle postoperative Schmerztherapie, = vergleichbar, – schlechter)

Wirkstoff	Erbrechen (%)	Bewertung ODAC (%)			Pflegepersonal bevorzugt (%)
		+	=	–	
Fentanyl	32,5	81,0	19,1	0,0	17,5
Alfentanil	10,0	80,0	13,3	6,7	15,0
Piritramid	17,5	73,3	15,4	15,4	17,5
Morphin	10,0	84,2	5,3	10,5	5,0
Buprenorphin	10,0	92,9	7,1	0,0	5,0
Pentazocin	15,0	68,4	15,8	15,8	5,0
Nalbuphin	2,5	56,2	26,1	17,4	5,0
Pethidin	7,5	47,1	35,3	17,7	5,0
Tramadol	7,5	36,0	24,0	40,0	20,0
Nefopam	2,5	46,2	7,7	46,2	15,0
Metamizol	22,5	11,1	37,0	51,9	22,5

Tab. 2

durch die Kranken läßt auf ein Nebenwirkungsspektrum schließen, welches die etwas geringere analgetische Wirksamkeit (etwa im Vergleich zu Fentanyl) kompensiert.

Die bis heute vorliegenden Erfahrungen mit etwas mehr als 600 Behandlungen lassen keinen Zweifel daran aufkommen, daß die weitaus meisten Patienten die Möglichkeit, aktiv in die Therapie eingreifen und sie individuell gestalten zu können, außerordentlich positiv bewerten. Nur in etwa 10% wurde die „persönliche" Betreuung durch das Pflegepersonal vorgezogen. Für die klinische und Grundlagenforschung bietet die On-Demand Analgesie eine faszinierende Methode, Schmerzmittelstudien mit inhärentem Blindcharakter und der Objektivierung subjektiver Phänomene durchzuführen, den Einfluß von Persönlichkeitsfaktoren, Grundkrankheit oder Narkosetechnik (um nur einige zu nennen) auf die Schmerzverarbeitung zu studieren und durch die Protokollierung individueller Variabilität quasi nebenbei Arzt und Pflegepersonal eindrucksvolle Beispiele dafür zu liefern, warum eine konventionelle „Standard"-Therapie so oft unbefriedigend verläuft.

Zusammenfassung

Unter der intravenösen On-Demand Analgesie versteht man ein neueres Verfahren zur Schmerztherapie, bei dem sich der Patient kleine Analgetikaboli innerhalb gewisser Grenzen so häufig verabreichen kann, bis er sich beschwerdefrei fühlt.

Mikroprozessor-gesteuerte Infusionssysteme überwachen dabei die sichere Funktion und dokumentieren den individuellen Arzneimittelverbrauch.

Der vorliegende Beitrag informiert über erste positive Erfahrungen mit dieser Technik, die bei 440 Patienten in der frühen postoperativen Phase unter Benutzung von 11 verschiedenen Analgetika gewonnen wurden. Eine ausgeprägte individuelle Variation im Analgetikabedarf bei akuten Schmerzen legt es nahe, konventionelle Dosierungsregime kritisch zu überprüfen.

Von besonderer Bedeutung scheint das neue Therapiekonzept auch im Rahmen der Schmerzforschung zu sein: Möglichkeiten zur Erfassung von Einflußfaktoren auf die Schmerzverarbeitung oder zum Wirkungsvergleich verschiedener Präparate werden diskutiert.

Literatur:

Eine ausführliche Darstellung von Methodik und Befunden findet sich in einem Übersichtsaufsatz, der auch die derzeit verfügbare Weltliteratur referiert:

Lehmann, K. A.:
On-Demand Analgesie:
Neue Möglichkeiten zur Behandlung akuter Schmerzen
Arzneim. Forsch./Drug. Res. 34: 1108–1114 (1984)

Therapie des Schmerzes durch Nervenblockaden*

J. Motsch

Seit altersher gilt es als das höchste Gebot ärztlichen Handelns, den vom Schmerz gequälten Menschen von seiner Pein zu befreien oder ihm wenigstens Linderung zu verschaffen. Was es für einen leidenden Menschen bedeutet, wieder schmerzfrei zu sein, wird in Galens Worten „Divinum est sedare dolorem" nur zu deutlich.

Vielfältig waren daher zu allen Zeiten die Bemühungen Schmerzen zu lindern. Zwei Beispiele aus der Geschichte der Medizin zeigen auf, was ein Mensch auf sich nimmt, in der Hoffnung vom Schmerz befreit zu werden:

1. Die Behandlung von Schmerzen in der mittelalterlichen Medizin durch das Aufbringen von Brandmarken an bestimmten Körperpunkten und
2. ein Beispiel aus der arabischen Medizin, die Linderung von Schmerz durch Zufügen eines anderen Schmerzes.

In folgendem Beitrag soll aufgezeigt werden, welche Möglichkeiten der Schmerzbehandlung durch Nervenblockaden und durch die peridurale Opiatanalgesie bestehen.

Nervenblockaden mit Lokalanaesthetika zielen darauf ab, entweder die Schmerzleitung zu unterbrechen oder die Erregung der noziceptiven Rezeptoren zu verhindern. Obwohl die Leitungsunterbrechung zeitlich durch die Wirkdauer des Lokalanaesthetikums begrenzt ist, kann man häufig bei chronischen Schmerzzuständen eine länger anhaltende Schmerzfreiheit beobachten, als es die Wirkdauer des verwendeten Lokalanaesthetikums erwarten läßt. Dies kann damit erklärt werden, daß Lokalanaesthetika neben der unmittelbaren Noziceptorenblockade, gleichzeitig afferente Impulse und efferente Motorneurone hemmen, wobei besonders der Blockade efferenter Sympathikusfasern große Bedeutung zukommt. Denn jeder afferente Reiz wird auf dem Reflexweg im Bereich des Gefäßsystems als Gefäßspasmus, im Bereich der Muskulatur als Kontraktion und im Bereich der Haut als Hyperhydrosis beantwortet.

* Vortrag anläßlich des klinischen Wochenendes „Der Schmerz und seine Behandlung" am 27. April 1985 im Haus der Ärzte in Saarbrücken.

Nervenblockaden bewirken somit nicht nur eine Analgesie, sondern führen gleichzeitig zur Unterbrechung unerwünschter Reflexmuster und zu einer Vasodilatation reaktiv verengter Gefäße.

Ist eine permanente Nervenblockade erwünscht, kann mit Alkohol, Phenol und Ammoniumsulfat – dies sind die gebräuchlichsten Neurolytika – eine chemische Neurolyse mit einer nicht selektiven Zerstörung der Axone durch Proteindenaturierung erreicht werden.

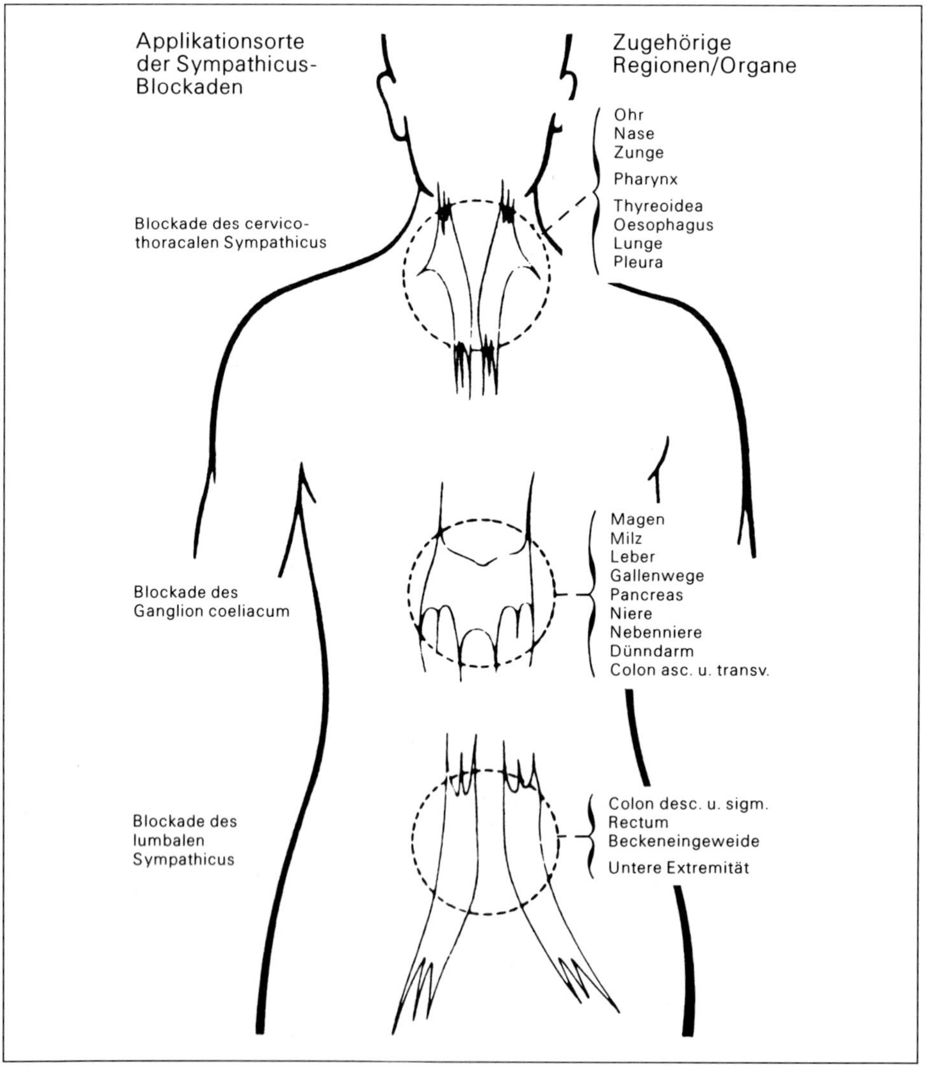

Abb. 1:
Applikationsorte der Sympathikus-Blockade mit zugehörigen Regionen und Organen (Modifiziert nach Regional Anesthesia, Bonica, J. J., Blackwell scientific publications, Oxford, 1969)

Die Dauer dieser permanenten Impulsleitungsunterbrechung ist insofern zeitlich begrenzt, weil es in Abhängigkeit von der Vollständigkeit der Nervenzerstörung und der Länge der Kontinuitätsunterbrechung zu Regenerationsvorgängen im Bereich des Axons kommt, die pathophysiologisch den Regenerationsvorgängen bei einer traumatischen Nervenläsion ähnlich sind (Tab. 1).

	Alkohol	Phenol
interathekal	absolut	mit Glycerin oder Pantopaque 6–10 %
Sympathikus-blockade	50 %	3–6 % wäßrige Lösung
spez. Gewicht: Liquor	hypobar	hypobar
Komplikationen	Nekrose der Haut Alkoholneuritis brennende Schmerzen bei Injektion	allergische Reaktion geringere Diffusibilität geringerer Effekt auf benachbartes Gewebe etwas kürzere Wirkungsdauer
Komplikationen intrathekal	Blasenentleerungsstörungen –25 % Harn- und Stuhlinkontinenz 2,7–25 % Paraesthesien 2,5–25 % motorische Schwäche in den Beinen 1,4–18 % –75 % Arachnoiditis 2,4 % Paraplegie 1,5 %	

Tab. 1:
Eigenschaften und Nebenwirkungen der Neurolytika, Alkohol und Phenol.

Die Indikation für Neurolytika muß vor allem bei intrathekaler Anwendung infolge der möglichen Komplikationen, wie Harn- und Stuhlinkontinenz, Blasenentleerungsstörungen, Paraesthesien, Dysaesthesien, und motorische Schwäche in den Beinen, durch die Schwere des Schmerzzustandes gerechtfertigt sein und bleibt somit meistens Patienten im terminalen Stadium eines Tumorleidens vorbehalten. Infolge der guten Erfahrungen mit der periduralen Opiatanalgesie, ist man mit Neurolytika selbst bei diesen Patienten mittlerweile sehr zurückhaltend, weil häufig durch die obenerwähnten Nebenwirkungen die Patienten sich nach einer Neurolyse mehr gequält fühlen, als durch ihren primären Schmerzzustand.

Voraussetzungen zur Durchführung von Nervenblockaden ist neben der Beherrschung der Technik, das Vorhandensein einer geeigneten medikamentösen und apparativen Ausrüstung, um etwaig auftretende Komplikationen sicher behandeln zu können. Diese können durch das Lokalaesthetikum als solches beziehungsweise durch die Blockadetechnik bedingt sein.

Daher ist es bei allen eingreifenderen Blockaden notwendig, einen sicheren intravenösen Zugang anzulegen und bei rückenmarksnahen Blockadetechniken kann auf die vorherige Bestimmung eines Gerinnungsstatus nicht verzichtet werden. Ansonsten drohen schwere Komplikationen, die z. B. bis hin zur Paraplegie infolge eines spinalen epiduralen Hämatoms führen können.

Jede therapeutische Lokalanaesthesie sollte mit einem diagnostischen Block begonnen werden, der Aufschluß darüber gibt, inwieweit eine Blockadetherapie überhaupt erfolgversprechend ist. Der entsprechende Blockadeapplikationsort ergibt sich aus der Anamnese, der körperlichen Untersuchung sowie der Schmerzanalyse. Bei diagnostischen Blockaden wird mit dem periphersten Blockadeort, unter Verwendung eines kurzwirksamen Lokalanaesthetikums geringer Konzentration begonnen (Tab. 2).

Um Therapieerfolge oder Mißerfolge objektivieren zu können, ist eine genaue Protokollierung des subjektiven Schmerzerlebnisses sowie der durch die Blockade hervorgerufenen Effekte notwendig. Bei schwer objektivierbaren Befunden kann nach Sympathikusblokkaden am einfachsten die Hauttemperatur gemessen werden, beziehungsweise der psychogalvanische Reflex, Oszillogramm oder Farbindikatoren (z. B. Ninhydrin) Verwendung finden.

Kriterien für die Auswahl des Blockadeortes
Lokalisation des Schmerzes
Qualität des Schmerzes
Anatomische Gegebenheiten
Grunderkrankung
Eigenschaften des Lokalanaesthetikums oder des Neurolytikums
Nebenwirkungen

Tab. 2:
Kriterien für die Auswahl des Blockadeortes.

Sympathikusblockaden sind dann indiziert, wenn die Schmerzqualität als brennend, klopfend, bohrend und dumpf angegeben wird und wenn das Schmerzverteilungsmuster nicht der segmentalen Innervation entsprechend verteilt ist. Bei diesen Krankheitsbildern, den sogenannten Reflexdystrophien – wie der Sudeck'schen Atrophie, der Kausalgie sowie posttraumatischen Störungen – sind neben hyperpathischen Arealen, vasomotorische, beziehungsweise sudomotorische Störungen und Zeichen der Osteoporose nachweisbar. Je nach Schmerzlokalisation kann die Blockade des Grenzstrangs des Symphatikus im Bereich des Ganglion stellatum, des Ganglion coeliacum oder im Bereich des lumbalen Sympathikus vorgenommen werden (Tab. 3).

Indikationen für eine Sympathikusblockade
Schmerzqualität: brennend klopfend bohrend dumpf
hyperpatische Areale
vaso- bzw. sudomotorische Störungen
diffuse, vasale Topographie
keine segmentale Schmerzverteilung

Tab. 3:
Indikationen für eine Sympathikusblockade.

Schmerzhafte Affektionen der Haut, des Bindegewebes, der Muskulatur und myoskelettale Schmerzen lassen sich durch das gezielte Aufsuchen von Myofascialen Gelenk- und ligamentären Triggerpunkten und lokale Infiltration derselben mit kleinen Mengen von Lokalanaesthetika günstig beeinflussen. Ausgedehnt auf die inneren Organe wird dieses Therapieprinzip durch eine spezielle Form der Lokalanaesthesie, nämlich der „Neuraltherapie nach Hunecke" (Tab. 4).

Zentral ausgelöste Schmerzzustände von stechendem Charakter sind auch durch eine therapeutische Lokalanaesthesie schwierig zu beeinflussen. Ebenso sind beim Morbus Raynaud, bei Migräne, bei atypischen Neuralgien und beim Phantomschmerz fragliche Therapieerfolge zu erwarten.

Mit den Methoden der Regionalanaesthesie lassen sich des weiteren Einklemmungsneuropathien, pseudoradikuläre Syndrome, Virusneuropathien, Tumorschmerzen, sowie postoperative beziehungsweise posttraumatische Schmerzen positiv beeinflussen (Tabelle 5). In Abhängigkeit von dem gewünschten Blockadeort und dem therapeutischen Konzept lassen sich sämtliche dieser Blockaden mit Hilfe von dünnen Kanülen als Einzelblockaden beziehungsweise durch das Einbringen eines Katheters als kontinuierliches Verfahren in der Schmerztherapie anwenden. Bei ständiger Applikation von Lokalanaesthetika über einen Katheter kann eine Tachyphylaxie auftreten. Diese kann durch zusätzliche intermittierende Bolusgaben, beziehungsweise durch Dosissteigerung umgangen werden.

Indikationen für lokale Infiltration
Myalgien
Myogelosen
Periartikuläre Schmerzen
Narbenschmerzen
Schmerzhafte Gelenkversteifungen
Reaktive Muskelverspannungen

Tab. 4:
Indikationen für lokale Infiltration.

Die therapeutische Regionalanaesthesie eröffnet ein weiteres Therapieprinzip, indem sie durch ihre temporäre Schmerzausschaltung den Patienten andere Therapieformen zugängig macht. Plötzliche Therapieerfolge im Sinne des Augenblickphänomens von Leriche oder des Sekundenphänomens von Hunecke werden vereinzelt zu beobachten sein, meistens wird jedoch nur langsame Schmerzminderung mit Fortdauer der Therapie erreicht werden können. Wesentliches Ziel der therapeutischen Regionalanaesthesie wird in erster Linie oft nicht komplette Schmerzfreiheit sein, sondern häufig entweder nur Schmerzminderung, beziehungsweise Eröffnung weiterer Therapiemöglichkeiten mit anderen Methoden wie Krankengymnastik oder der zusätzlichen Behandlung bei psychosomatischen Störungen.

Eine wesentliche Bereicherung erfuhr die Schmerztherapie durch die Entdeckung von Opiatrezeptoren in der Substantia gelatinosa des Rückenmarks. 1979 berichtete Behar erstmals, daß kleine Dosen von epidural verabreichtem Morphin in der Lage sind, postoperative- und Karzinomschmerzen über lange Zeit auszuschalten. Infolge der geringen Dosis ist im Gegensatz zur systemischen Gabe, mit weniger unerwünschten Begleiterscheinungen wie Müdigkeit, Übelkeit, Brechreiz, opiatbedingter spastischer Obstipation zu rechnen. Außerdem sind die den Opiaten eigenen kardiovasculären Effekte herabgesetzt und Kreislaufreaktionen infolge einer Sympathikusblockade nicht nachweisbar. Als eventuelle lebensbedrohliche Komplikation droht auch bei der periduralen Opiatanalgesie die Atemdepression, die dosisunabhängig noch nach mehr als 6 Stunden auftreten kann. Besondere Bedeutung kommt dabei den pharmakokinetischen Eigenschaften des verwendeten Opiats zu. Wird zur epiduralen Opiatanalgesie Morphin verwendet, muß infolge der

Indikationen für paravertebrale Blockade
Segmentär begrenzte Schmerzen
Neuralgien der Spinalnerven
Posttherapeutische Neuralgien
Postoperative Schmerzen
Narbenschmerzen

Tab. 5:
Indikationen für paravertebrale Blockade.

hydrophilen Eigenschaften des Morphins damit gerechnet werden, daß dieses nach Penetration der Dura nur langsam an die hydrophilen Strukturen des Rückenmarks gebunden wird. Infolge der Liquorzirkulation wird Morphin jedoch bis in die Ventrikel getragen und kann so die Rezeptoren des Atemzentrums im Bereich des Medulla oblongata besetzen. Der potentiellen Gefahr einer Atemdepression steht bei der Verwendung von Morphin infolge seiner Teilnahme an der Liquorzirkulation der Vorteil gegenüber, daß damit Schmerzzustände im oberen Thoracal- oder Cervicalbereich ebenso günstig beeinflußt werden können.

Unserer Erfahrung nach stellt die peridurale Opiatanalgesie über einen Katheter zur Ausschaltung von Tumorschmerzen eine sehr wirksame und relativ risikoarme Methode dar. Bei den meisten Patienten erreichten wir mit Dosen zwischen 2–5 mg Morphin eine Schmerzlinderung, die im Durchschnitt ca. 13–14 Stunden anhält.

Das Anlegen des Katheters unter aseptischen Bedingungen, beziehungsweise eine spezielle Methode der subcutanen Untertunnelung, trägt offenbar dazu bei, daß wir selbst nach Liegezeiten von über 4 Monaten keine tiefgreifenden Infektionen beobachten konnten.

Mit dem folgenden Fallbeispiel möchte ich Ihnen eindrucksvoll demonstrieren, wie wirkungsvoll die peridurale Opiatanalgesie ist und welche Bedeutung diese in der Therapie terminaler Tumorschmerzen einnimmt. Dieser bedauernswerte Patient konnte selbst mit einer täglichen parenteral verabreichten Dosis von über 100 mg Morphin nicht schmerzfrei gehalten werden. Nach Anlegen eines thoracalen Periduralkatheters konnte mit 4 mg Morphin alle 12 Stunden eine für den Patienten zufriedenstellende Schmerzausschaltung erreicht werden. Unter dieser Therapie gelang es die letzten Wochen für den Patienten einigermaßen erträglich zu gestalten. Bei diesem Patienten kam es zu keiner Toleranz gegenüber epidural verabreichtem Morphin. Vielmehr war in den letzten 14 Tagen seines Lebens eine zufriedenstellende Analgesie mit 2 mg Morphin alle 12 Stunden zu erreichen.

Unserer Meinung nach kann die peridurale Opiatanalgesie auch zufriedenstellend ambulant durchgeführt werden. Durch diese therapeutische Möglichkeit können Tumorpatienten mit unerträglichen Schmerzen ihre letzten Tage einigermaßen schmerzfrei im Kreise der Familie und in ihrer gewohnten Umgebung verbringen. Voraussetzung dafür ist jedoch, daß zunächst mit der periduralen Morphinanalgesie in der Klinik begonnen wird und dabei die individuelle am besten schmerzausschaltende Dosis von Morphin evaluiert und der Patient genau auf etwaig auftretende Nebenwirkungen beobachtet wird. Ist nach entsprechender Aufklärung des Patienten sowie der Angehörigen eine Betreuung durch den Hausarzt und die Sozialstation gewährleistet, so kann die peridurale Opiatanalgesie relativ gefahrlos ambulant durchgeführt werden. Allein die Gefahr der unvorhersehbaren Atemdepression schränkt die Indikation auf Patienten im terminalen Stadium eines Tumorleidens ein. Beachtenswert erscheint jedoch, daß nicht mit einer höheren Quote von Atemdepression wie bei parenteraler Gabe von Opiaten gerechnet werden muß.

Zusammenfassung:

Nervenblockaden nehmen in der Therapie chronischer Schmerzen einen breiten Raum ein. Lokalanaesthetika bewirken neben einer Noziceptorenblockade eine Leitungsunterbrechung, wobei der Blockade efferenter Sympathikusfasern große Bedeutung zukommt. Dadurch gelingt es pathologische Regelkreise zu durchbrechen, die häufig für die Entstehung chronischer Schmerzen verantwortlich zeichnen. Eine permanente Nervenblockade kann mit Alkohol beziehungsweise Phenol erreicht werden. Erhebliche Nebenwirkungen schränken jedoch die Anwendung auf Patienten im terminalen Stadium eines Tumorleidens ein.

Die peridurale Opiatanalgesie zeichnet sich im Vergleich zur systemischen Opiattherapie dadurch aus, daß infolge der geringeren Dosis mit weniger Nebenwirkungen gerechnet werden muß und eine länger anhaltende Schmerzfreiheit beobachtet werden kann. Aufgrund eigener guter Erfahrungen kann die peridurale Opiatanalgesie bei Tumorpatienten auch ambulant weitergeführt werden.

Literaturverzeichnis:

1. Arner, S.:
   The role of nerve blocks in the treatment of cancer pain.
   Acta anaesth. scand. 74 (1982) 104

2. Auberger, H. G.:
   Regionale Schmerztherapie.
   Thieme, Stuttgart (1971)

3. Auberger, H. G., H. C. Niesel:
   Praktische Lokalanaesthesie.
   Thieme, Stuttgart (1982)

4. Baar, H. A., H. U. Gerbershagen:
   Schmerz, Schmerzkrankheit, Schmerzklinik.
   Springer, Heidelberg (1974)

5. Behar, M., D. Olshwang, F. Magora et al.:
   Epidural morphine in treatment of pain.
   Lancet 1: (1979) 527–529

6. Boas, R. A.:
   Hazards of epidural morphine.
   Anest. Intens. Care 8 (1980) 377

7. Bonica, J. J.:
   Management of Pain.
   Lea and Febiger, Philadelphia (1954)

8. Bromage, P. R., E. Camporesi, P. A. C. Durant, C. H. Nielson:
   Non respiratory Side Effects of Epidural Morphine.
   Anaesth. Analg. 61 (1982) 490–495

9. Christensen, V.:
   Respiratory depression after extradural morphine.
   Brit. J. Anaesth. 52 (1980) 841

10. De Castro, J., L. Lecron:
    Peridurale Opiat-Analgesie. Verschiedene Opiate.
    Komplikationen und Nebenwirkungen.
    In: Peridurale Opiat-Analgesie.
    Hrsg. M. von Zenz, Fischer-Verlag, Stuttgart (1981)

11. Defalque Ray, J.:
Painful Trigger Points in Surgical Scars.
Anaesth. Analg. 61 (1982) 518–520

12. Findler G., D. Olshwang, H. Hadani:
Continuous Epidural Morphine Treatment for Intractable Pain in Terminal Cancer Patients.
Pain 14 (1982) 311–315

13. Frey, R., H. U. Gerbershagen (Hrsg.):
Schmerz und Schmerzbehandlung heute.
G. Fischer, Stuttgart – New York (1977)

14. Gebert, E. et al.:
Morphin intrathekal – zur Bekämpfung von tumorbedingten und postoperativen Schmerzen.
Anaesthesist 29 (1980) 653–655

15. Gerbershagen, H. U.:
Behandlung chronischer Schmerzzustände mit Nervenblockaden.
In: H. Killian: Lokalanästhesie und Lokalanästhetika.
Thieme, Stuttgart, (1973) 760

16. Glynn C. J., L. E. Mather, M. J. Cousins, P. R. Wilson, J. R. Graham:
Spinal narcotics and respiratory depression.
Lancet II (1979) 356

17. Gustafson, L. L., B. Feychting, C. Klingstedt:
Late respiratory depression after concomitant use of morphine epidurally and parenterally.
Lancet I (1981) 892

18. Gustafson, L. L., B. Schildt, K. Jacobson:
Adverse Effects of extradural and intrathecal opiates:
Report of a Nation wide survey in Sweden.
Brit. J. Anaesth. 54 (1982) 479–486

19. Hallett, E. C., I. Pilowsky:
The Response to Treatment in a Multidisciplinary Pain Clinic.
Pain 12 (1982) 365–374

20. Hammeroff, St. R., B. R. Crago, C. D. Blitt, J. Womble, J. Kanal:
Comparison of Bupivacain, Etidocain, and Saline for Trigger Point Therapy.
Anaesth. Analg. 60 (1981) 752–755

21. Jack, R. D.:
Regional anesthesia for pain relief.
Brit. J. Anaesth. 47 (1975) 278–280

22. Kossmann, B., V. Hempel:
Schmerzambulanz.
Perimed-Verlag Erlangen (1984)

23. Kühn, K., J. Hausdörfer, K. F. Rothe:
Schmerzbekämpfung mit edpiduralen Morphininjektionen.
Anaesthesist 30 (1981) 521–522

24. Lipton, S.:
Relief of Pain in Clinical Practice.
Blackwell, Oxford (1979)

25. Magora, F., D. Olshwang, D. Eimerl, J. Shorr, R. Katzenelson, S. Cotev, J. T. Davidson:
Observations on extradural morphine analgesia in various pain conditions.
Brit. J. Anaesth. 52 (1980) 247

26. Metha, M.:
Intractable Pain.
W. B. Saunders, London (1973)

27. Melzack, R., M. Stillwell, J. Fox:
Trigger points and accupuncture points for pain: correlations and implikations.
Pain 3 (1977) 2–23

28. Melzack, R.:
Das Rätsel des Schmerzes.
Hippokrates-Verlag, Stuttgart (1978)

29. Miller, R. D., W. L. Munger, P. E. Powell:
Chronic Pain and Local Anesthetic Neural Blockade.
In: M. J. Cousins, P. O. Bridenbaugh: Neural Blockade.
Lippincott, Philadelphia (1980)

30. Motsch J., K. Hutschenreuter:
Kontinuierliche Blockade des Plexus brachialis
zur Ausschaltung von Karzinomschmerzen.
Anaesthesiologie und Intensivmedizin 24 (1983) 168–169

31. Motsch J.:
Über die Periduralanaesthesie.
Anaesth. Intensivmed. 24 (1983)

32. Motsch, J.:
Anestésiques locaux et morphiniques par voie péridurale
Cahiers d'Anesthésiologie 32 (1984) 43–45

33. Müller H., U. Börner, M. Stoyanov, L. Glemmes,
G. Hempelmann:
Peridurale Opiatapplikation bei malignombedingten
chronischen Schmerzen.
Anästh. Intensivtherapie, Notfallmed. 16 (1981) 252–257

34. Nolte, H.:
Blockade des Sympathikus und Vagus.
In: H. Killian: Lokalanästhesie und Lokalanästhetika.
Thieme, Stuttgart (1973) 460

35. Panhans, Ch., H. U. Gerbershagen, R. Schwarz:
Möglichkeiten therapeutischer Nervenblockaden.
In: F. W. Ahnefeld und Mitarb. (ed.) Lokalanästhesie,
Springer, Berlin (1978) 256

36. Pert, C. B., M. J. Kuhar, S. H. Snyder:
Opiate receptor: autoradiographic localisation in rat brain.
Proc. Nat. Acad. Sci. USA, 73: (1976) 3729–3733

37. Swerdlow, M., M. D. Mehta, S. Lipton:
The role of the anaesthetist in chronic pain management.
Anaesthesia 33 (1978) 250–257

38. Swerdlow, M.:
Intrathecal neurolysis.
Anaesthesia 33 (1978) 733–740

39. Swerdlow, M.:
The Therapy of Pain.
MTP, Lancaster (1981)

40. Thompson, G. E., D. C. Moore, L. D. Bridenbaugh, R. Y. Arkin:
Abdominal pain and alcohol celiac plexus Nerve block.
Anaesth. and Analg. 56 (1977) 1–5

41. Wood, M. K.:
The use of Phenol as a neurolytic Agent: a review.
Pain 5 (1978) 205–229

42. Yaksh, T. L., T. A. Rudy:
Analgesia mediated by spinal action of narcotics.
Science (1976) 1357

43. Zenz, M., S. Piepenbrock, B. Schappler-Scheele, M. Hübsch:
Peridurale Morphinanalgesie. III. Karzinomschmerzen.
Anaesthesist 30 (1981) 508–513

44. Zenz, M., S. Piepenbrock, M. Hübsch, S. Schappler-Scheele, R. Neuhaus:
Erfahrungen mit längerliegenden Periduralkathetern – peridurale Morphin-Analgesie bei Karzinomschmerzen.
Anaesthesist, Regional-Anesthesie 4 (1981) 26–28

45. Zimmermann, M.:
Physiologische Mechanismen von Schmerz und Schmerztherapie.
Triangel 20 (1981) 7